信仰生活ガイド

使徒信条

古賀　博 編

日本キリスト教団出版局

「信仰生活ガイド」は、月刊誌『信徒の友』に掲載された記事に、新しい文章を加え、キリスト教信仰の「入門書」また「再入門書」として、書籍化するシリーズです。

はじめに

古賀(こが)　博(ひろし)

今から三〇年前、神学校を卒業して、大学・神学生時代を通じてずっとお世話になってきた早稲田教会に伝道師として赴任しました。伝道師とされてしばらく経(た)った頃、主任牧師から「あなた自身の学びのためにも」と、主として若い人たちへの受洗準備のクラスを担当するように言われたのでした。

それまでは教会に集う青年たちと遊んだり、一緒にご飯を食べたりというのが主な役割という、実にお気楽な神学生生活を送ってきた私にとって、いきなり与えられた重たい求めでした。こうした役割を与えられたことを大いに喜びながらも、求めに真剣に向き合ってみるとかなりの戸惑いも感ぜざるを得なかったのです。結構な時間、いろいろと考え・悩んだのですが、どうしても受洗準備クラスの内容や進め方をうまく組み立てられず、「どうしたら良いでしょうか?」と主任に相談してみました。「それじゃあ、これを用いてやってごらん」と手渡されたのが、当時は日本YMCA同盟出版部から出ていた『私のキリスト教入門――使徒信条による』（隅谷三喜男（すみやみきお）著）という本。信徒の視点、また社会科学者の経験を踏まえて記された、名著と言われる「使徒信条」の解説書でした。

それまで使徒信条には、さまざまな機会に親しみ、それなりに学んでもいたのですが、これを自分なりにしっかりとかみ砕いて他者に判りやすく説明する、それも受洗の準備のために求道者の心に届けるというのは、自分が思っていた以上に至難の業でした。

「これを用いてやってごらん」との主任牧師の言葉に頼って、以降、今日に至るまで、早稲田教会、その後に赴任した山口信愛教会、再びの早稲田教会にて五十数回の受洗準備クラスを担当してきましたが、〇〇の一つ覚えのようにずっとこの本（今は日本キリスト教団出版局から発行）を用いてきました。三〇年もこの本や関連文書からの学びを続け、その時々にさまざまな年齢層、立場の人に解説を繰り返しても、まだまだ使徒信条の真髄には一向に肉迫できていない、正直に言えばそのように感じてもいるのです。

『聖書の読み方』（大貫隆（おおぬきたかし）著・岩波新書）のまえがきにも使徒信条に関して触れられていました。著者は聖書のとっつきにくさを語る文脈で使徒信条を取り上げ、これを「キリスト教の基本文法」のようなものだと語っています。言い得て妙だと思いますが、基本文法という割には難解であるのは間違いありません。

さらに基本文法ならば、これをしっかりと踏まえた上で、実際の信仰生活において、自由に応用・活用していくことが大切なはずです。信仰の歩みとは、この基本文法をずっと保持しながらも、これを自由自在に応用し、自らの内にこの信条を熟成させ、しっくりと落ち着かせていく中に豊かに形づくられていくものだと思います。

ところが、自分の信仰を振り返りみても、礼拝の場で使徒信条を口にする際、唱えている（告白しているのではなく、もっと機械的に想いや祈りを込めずに）という側面が強いようにも感じるのです。

学べば学ぶほどに使徒信条の一言ひとことの背後には、キリスト教の歴史が深く関わり、そこに信仰の厚い「地層」が形成されていることに気づきます。これを自分の生き方をもって鋤（す）き返し、信仰の真実を掘り当てていく、見いだしたものをさらに日々の信仰生活を通じて磨いていく、そんな努力を怠らないようにしたいものです。

このような道を求める学びの一助となるようにと、この本は編まれています。基本はこれまでの『信徒の友』に掲載された文章の再録ですが、今回、編集者が真剣に一つひとつの文章を再検討し、使徒信条と格闘する中で、新たに執筆を依頼した文章も含められています。

この小さな一冊が、新たに使徒信条を学び、信仰の基礎を地道に形づくっていこうとする方、また長年信仰に歩んできたけれど、再度、基礎を固めていこうと祈り、志す方によって豊かに用いられることを強く願っています。

私自身、収められている一つひとつの文章から新たに学ぶことを許され、深い感動を与えられています。こうした本の編者として用いられている、その恵みに心から感謝します。またこの本を通じての学びを、これからの自分の信仰に、そして受洗準備クラスにも活かしていきたいと願っています。

（日本基督教団　早稲田教会牧師）

目　次

目次

装丁・松本七重

本書の引用する聖書は、基本的に『聖書　新共同訳』（日本聖書協会）に準拠しています。

使徒信条

我は天地の造り主、全能の父なる神を信ず。我はその独り子、我らの主、イエス・キリストを信ず。主は聖霊によりてやどり、処女（おとめ）マリヤより生れ、ポンテオ・ピラトのもとに苦しみを受け、十字架につけられ、死にて葬られ、陰府（よみ）にくだり、三日目に死人のうちよりよみがへり、天に昇り、全能の父なる神の右に坐したまへり、かしこより来（きた）りて、生ける者と死ねる者とを審（さば）きたまはん。我は聖霊を信ず、聖なる公同の教会、聖徒の交はり、罪の赦し、身体のよみがへり、永遠（とこしえ）の生命（いのち）を信ず。アーメン。

「使徒信条」とは

「我、信ず」——主の伴いと隣人の信仰に信頼して

後宮敬爾（うしろくよしや）

使徒信条の成立について

多くの教会が主日礼拝毎に告白しているのが「使徒信条」です。ローマ・カトリック教会とほとんどのプロテスタント教会が、信条（信仰を告白する定式文）として共通に認めているものです。この使徒信条が現在の形に近いものとなるのが七世紀、ローマで使われ始めるのは八世紀頃と言われていますから、教会は一四〇〇年間にわたって、この信条を

変えずに告白してきたのです。

その起源を遡ると、二世紀の教会が洗礼志願者の学びのために用いていた文章に原型があるのだとされています。そこから数えると使徒信条が確定するまでに、すでに数百年の歴史を経てきたことになります。そして、この二世紀から八世紀というのは、キリスト教会自身にとっても、取り巻く環境においても大きな変化のあった時でした。

最初の課題はユダヤ教との区別の明確化でした。ユダヤ教の一派として誕生した教会は、旧約聖書の解釈や律法の実践などについて整理をしなければなりませんでした。次に起こってきたのは、キリスト教が少しずつその勢力を増していく中で、周辺との軋轢（あつれき）が生まれ、その誤解や偏見を解くために、自らの考えを論理的に説明し、正当化することを迫られるということでした。そうした努力を継続する中で、徐々にキリスト教はその勢力を拡大していき、ついに四世紀にいたってはローマ皇帝コンスタンティヌスの改宗によって帝国内でキリスト教が公認され、教会をめぐる環境は一変します。教会の教理の決定が、国際政治上の重要事項にも深刻な影響を与えるまでになったのです。

安定した地位と力を得た教会は、きわめて複雑な政治的背景をもった論争をしながら一致を求めていきます。その一致のために、妥協も必要でしたし、異なった考えを断罪することもありました。

こうした歴史を経て、使徒信条が生まれました。使徒信条には二つの特徴があります。一つは名称そのものです。「使徒信条」と呼ばれていることです。これは十二使徒によるものだという伝説まで加えられていたようです。もう一つは、内容がきわめてシンプルであり、断罪的な要素を含んでいないことです。

使徒信条の成立の背景には、地理的にも政治的にも広がっていき、軋轢や対立を経験していた各地の教会が、もう一度、自分たちの共通の基盤を確かめようという強い思いを抱いたことがあったのではないでしょうか。それゆえに使徒の名を冠し、シンプルな信条として成立したのではないかと思うのです。昨今のエキュメニカル運動の中で、使徒信条への関心が深まっているのもうなずけます。

「我は信ず」という特別な意味

使徒信条は、ラテン語で書かれていたのですが、その冒頭が「クレドー」(我は、信ず)

でした。目をひくのは、主語が「我は」と一人称単数になっているところです。主の祈りのようにどうして「我ら」という一人称複数の主語になっていないのでしょうか。主の祈りは、ひとりで祈ることもありますが、使徒信条は、教会の共通の信仰告白として用いられるので、ひとりで告白するということはまずないでしょう。

もともとが洗礼式の信仰告白のためのものだったので、一人称単数で不思議ではないと解説することもできるでしょう。しかし、わたしは、礼拝の中で会衆と共に「我は」と告白することに特別な意味を感じるのです。

というのは、「信じ切れないわたし」を知っているからです。あるいは「自分の信仰の弱さと限界」を痛感しているからです。礼拝者としてイエス・キリストとみ言葉の前に立ち、使徒信条を告白しているのですが、使徒信条の言葉が、「あなたはそれを心から信じているのか」と問いかけてくるのです。現実の社会の力と、自分の世界の弱さとの間で、「我は」と迷いつつ、戸惑いつつ、告白をする自分がいます。

「我は信ず」という厳しさ

わたしたちは、「我は信ず」という言葉がもつ厳しさの前に立たされるのです。

マルコによる福音書8章29節でイエスは弟子たちに「それでは、あなたがたはわたしをだれと言うか」（口語訳）と尋ねました。この対話が行われた場所はフィリポ・カイサリアです。ローマ皇帝におもねって街の名前を変え、街の中に皇帝像が建立されたという皇帝礼拝の象徴的な場所で、「あなたはわたしをだれと言うか」と尋ねたのです。心の中でどのように信じているのかではありません。「だれと言うか」という問いは、第三者に向かって「自分にとってイエスとは誰であるか」を明確に告白することを求めるものです。

わたしたちも、同じことを求められています。わたしたちの生きているこの時代の中で、状況の中で、置かれている場の中で、「わたしにとってイエスとは誰であるか」という真摯な告白が求められているのです。

ペトロは、この時「あなたは、メシアです」と答えました。皇帝が神なのではなく、イエスこそが真の救い主であると答えたのです。

わたしたちは、本当に、「あなたこそ、わたしの救い主です」と告白できるでしょうか。

本当に主を信じて、主のように人を愛し、人を受け入れ、人をゆるすことができているでしょうか。忍耐し、希望を持ち、苦難を忍び、たゆまず祈り続けることができているのでしょうか。たとえ、それが今、できないとしても、せめて、そうありたいと心から願うことができているのでしょうか。そのような真摯な決意のもとに使徒信条を告白しているでしょうか。

できないのです。思いはどんなに強くとも、信じることのできない自分がいて、そのようには生きることのできない自分がいるのです。

礼拝の中で「我は信ず」と告白するたびに、信じることのできない自分を問われます。神を愛することのできない自分を問われるのです。

信じます、わたしをお助けください

イエスの前に、わたしたちと同じように叫んだ人がいました。マルコによる福音書9章に出てくる父親です。病気で苦しんでいる子どもを前に、「『できれば』と言うか。信じる者には何でもできる」とイエスから自らの信仰を問われた父親は、「信じます。信仰のないわたしをお助けください」（24節）と叫びました。不思議なことに、この叫びをきっかけにイエスの癒やしが行われたのです。

わたしたちには、信じる力さえありません。そのわたしを選んでくださり、出会ってくださったのがイエス・キリストなのです。わたしたちの救いは徹頭徹尾、神から来ます。そこにわたしたちの希望があります。信仰とは、わたしの所有物ではありません。わたしの知的努力や、誠実な生き方などとはまったく無関係に、一方的に神から与えられる恵みなのです。

「我、信ず」と使徒信条を告白し始める時、わたしたちは、この恵みの中にすでに置かれていることを知りたいのです。

カール・バルトは「『われ……を信ず』――これは、『私は孤独ではない』ということにほかならない。この栄光の中にあるわれわれ人間、また悲惨の中にあるわれわれ人間が、孤独ではないのである」「私は、孤独ではない。否、神は、私に出会い給う。私は、いついかなる時にも、所詮神と共にいるのである」と解説しています（カール・バルト『教義学要綱』、「信仰とは信頼を意味する」井上良雄訳、新教出版社、一九九三年、一六ページ）。

礼拝において使徒信条を告白する時、わたしは神の前に立って、イエス・キリストの前で、わたしの告白をします。しかし、その大前提は、まずイエス・キリストがわたしのところに来てくださったということなのです。だから、わたしたちは独りで告白するのではなく、伴ってくださる主がおられるという事実に信頼し、その神にすべてを任せて、わたしの弱さも不信仰も委ねて、「我は、信ず」と使徒信条の告白を始めることができます。

希望を告げる賛美告白へと

その時、不信仰なわたしが叫ぶように語り出した使徒信条が、臨在の神への賛美告白へと変えられます。

そして、この賛美告白が、礼拝共同体の中でなされることによって、新たな豊かさがわたしたちに、もたらされます。

それは、わたし以外の誰かによる、神への信仰告白との出会いとなるからです。礼拝において、わたしと共に使徒信条を告白している方がいます。けれども、その隣人は、わたしと全く違う人生を生きてきて、多くの困難を経て、イエス・キリストとの出会いをし、今、神の愛への感謝を献げているのです。わたし以外の誰かが、「わたしは信じる」と告白していることの中には、自分が今まで知り得た神、自分が経験してきた神とは違うものを含んだ信仰が証しされているはずです。隣人の信仰と出会い、分かち合う中で、キリスト者として成長させられていくのです。

教会で信徒の証しがなされる時、その証しに信仰共同体である信徒の群れを励まし、力づける独特の力があることを経験されたことがあるでしょう。礼拝における使徒信条の告白は、その信仰共同体の豊かさが集約された時でもあります。

その賛美の告白のつながりの中には、病や高齢化、あるいはさまざまな事情の故に礼拝の場に集い得ない隣人も存在しています。その不在の隣人が献げる祈りをも覚えて、共に信仰を告白します。

さらに、このつながりは世界に広がっています。教会を越え、教派を越え、そして国境を越えて、世界中で行われている主を覚える礼拝で共に告白することで、使徒信条は、世界教会の協働の賛美という内容をもつことになります。

歴史の中で、世界が将来を見通せない不安の中にある時、教会は主の言葉に信頼することを通して希望を語り続けてきました。わたしたちは、世界教会の共通の信仰告白である使徒信条を共に告白し、共に賛美することにおいて、この時代に向けて主の希望を告げ知らせる使命と取り組んでいることになるのです。

人がおそるおそる語り出す「我は、信ず」という小さな一言が、臨在の主の愛の中で、わたしと隣人をつなぎ、教会と教会をつなぎ、福音を社会へつなぐ希望の賛美へと変えられていきます。主日礼拝の中で告白するわたしたちの使徒信条は、実は、そのような神の壮大な業の一つなのです。

（日本基督教団　霊南坂教会牧師）

使徒信条　１　天地の造り主、全能の父なる神

わたしたちはどのような神につながっているのか

柳下明子（やなしたあきこ）

西方の教会の歴史の中で大切にされてきた使徒信条ですが、現代にそれを告白するわたしたちは、この告白の冒頭から、大きなやっかいに直面します。それは「我は天地の造り主、全能の父なる神を信ず」、神に対してこのようにまず告白しているからです。

地球の誕生や生命の起源について様々なことが解明されつつある現代において、「我は

天地の造り主、全能の父なる神を信ず」と告白することはどのような意味をもつのでしょう。

「いのちの原理の一部」であるわたし

旧約聖書の詩編にはその手がかりが与えられています。

「主よ、わたしたちの主よ、あなたの御名は、いかに力強く、全地に満ちていることでしょう」（8・2）

このように詩編8編は冒頭に主の力が「全地」に満ちていることをたたえます。世界のすべてに神の力が働いていることを、詩人は宇宙の中の人間存在という視点から感じ取っています。現代においても、宇宙空間を経験した人が「神」の存在を感じることがあるように、詩人は夜空に輝く月とちりばめられた星々の存在から、このような天球を成り立たせている原理は神以外にないと感じています。現実に目に見える月や星を神としてあがめるのではなく、さらにその背景の原理を思い描くことは、抽象的な世界に自分の視点を置くことです。そのような大きな原理に自分の生きる基盤を置くからこそ、この詩人は自分の存在を肯定することができるのです。
「あなたの天を、あなたの指の業を、わたしは仰ぎます。月も、星も、あなたが配置なさったもの。そのあなたが御心に留めてくださるとは、人間は何ものなのでしょう。人の子は何ものなのでしょう、あなたが顧みてくださるとは」（8・4―5）

「人間は何ものなのでしょう」「人の子は何ものなのでしょう」と自分の存在の不思議、自分の存在の不確かさを問いながら、この詩人は自然界の原理に神の働きを見出して、そこに自分を結びつけることから確かな生きる基盤を見出しています。自分は存在の意味も明らかでないほどに小さく、大きな世界の中で不安に満ちた生を歩むものである。けれども神は、そのような自分をとりまく生きるいのちすべてにバランスを与えている、というその事実によって、詩人は「何もの」とも言えない自分の存在を受け止めることができるのです。

神が天地の造り主であって、全能である、ということはわたしたちにとってもこの詩人の心情と同じようなことを意味するでしょう。

わたしたちの不安に満ちたちっぽけな一つ一つの魂の歩みは、つまずき、途方に暮れても行き詰まっても、それでも、大きないのちの造り主、いのちの支え手の一部につながっている、ということです。わたしの心が沈み込み、希望のない夜を過ごしたとしても、それでもまた朝は来る。太陽は顔を出す。自分はその世界に生きている。自分はこのいのちの原理の一部である、ということは個別のいのちの歩みが困窮するときほど、人に慰めと希望を与えるものです。

わたしたちにとって神が天地の造り主であって、全能であるということは、わたしたちの個別の人生を預けて生きることのできる存在がある、ということを意味しています。

神が「父」であるということ

人間が人生をそこに預けて生きることができる、全能の神。そのような存在である神がわたしたちの「父」である、ということもまた、わたしたちが改めて受け取り直す必要のあることでしょう。

神に対して、父であると告白することは、イエスが福音書の中でわたしたちに示したことですが、それはイエスのオリジナルという訳ではありません。イスラエルの宗教の伝統の中でも、神は父にたとえられています。

例えば、旧約聖書の申命記32章6節には「愚かで知恵のない民よ、これが主に向かって報いることか。彼は造り主なる父、あなたを造り、堅く立てられた方」とあります。これは、モーセが、神に逆らう民に注意する場面です。反抗してはならない、逆らってはならない父が、ここで示される「造り主なる父」であるとも言えるでしょう。

時代が下り、イスラエルの人々がバビロニアへの捕囚を経験し、自分の失敗と向き合わなければならなくなった時代にも、神は父にたとえられます。「しかし、主よ、あなたは我らの父。わたしたちは粘土、あなたは陶工、わたしたちは皆、あなたの御手の業」(イザヤ書64・7)。しかし、と始まっている7節ですが、この前にはイスラエルの人々が過ちを犯し、神を放り出して戦争に向かったこと、結果として神を信頼して生きる者がいなくなってしまったことへの嘆きと怒りがまきちらされています。「しかし、主よ、あなたは我らの父」とイザヤ書は言います。失敗しても敗北しても裏切っても、それでも自分たちの帰るところ、それが「我らの父」であるのでしょう。

神との親近性

このようにしてイスラエルの宗教の伝統の中で神は、ときに父として人びとと関係を持ってくれるものでした。ですからイエスが「天におられるわたしたちの父よ」（マタイ6・9）とまず神に呼びかけることは当然のことでありました。

けれども、イエスにおいて特徴的なことがあります。それは聖書のほかのところで、イエス自身が神に祈るとき「アッバ」と呼びかけているということです（マルコ14・36）。この「アッバ」はイエスが活動したガリラヤ地方で人びとが話していた言葉、アラム語では幼い子どもが父親を家庭で呼ぶときの言葉であると言います。あまり外では使わない、大人になったら使うのが恥ずかしい、「おとうちゃま」とか「とっと」とかいう呼び方です。イエスが教えるのは、神はわたしたちにとって幼子の親のようなものだということです。

キリスト教が、イエスから受け継いだこととして大切にしてきたことは、自分たちと神との親近性です。幼い子どもが信頼を込めて呼びかけ、手を伸ばすように、神に近づくことをゆるされている。それがわたしたちである、ということです。

もちろん誰もが「父親」に対してそのようなイメージを持つわけではないでしょう。人によっては父親のイメージを持つことができないかもしれません。人によっては父親が情愛深いものではないかもしれません。そうであれば、「父」のイメージを自分の生物学的な、または法制度上の父親と結びつける必要はありません。それは誰か、幼子を情愛深く保育するもの、困難なときに手を差し伸べ、帰る場所としていつでも待っている保護者のようなものとイメージすればいいのです。イエスはたとえ話や教えの中でそのような「父」のイメージを伝えています。

旧約聖書の中で神について抱かれる「父」というイメージは、時代と共に変わっていきました。反抗を赦さない父親、失敗を赦さない厳しい父親からはじまり、捕囚という失敗を経験したあとには、間違いを赦す父親が与えられました。そしてイエスによって開かれる神との関係において、「父」は、幼子として甘えることのできる親を意味するようになるのです。自分が従順なものでなくても、模範的な子どもでなくても、受け入れ抱擁する存在です。

育てられてゆくもの

　こうして「天地の造り主、全能の父なる神を信ず」と告白することは、わたしたちが世界の中でどのような神につながろうとしているかを問うこととなります。

　大きな力の前に一人で立たされるような不安を抱えながら生きるときに、それでもわたしたちのいのちの根底はある大きな原理に支えられている。その原理は、わたしたちの個別の存在がへし折れそうになっても、わたしたちの目に見える世界が崩壊に向かっているように見えるときにも、なお、かわらず存在している。そしてその原理の源である神は、わたしがどのような存在であったとしても、わたしを受け入れ支え育む方である。そういう神にわたしはつながるということを、告白しているのです。

　けれどもわたしたちには時に、その告白に生き続けることが困難なことがあります。愛する者の死、自身の病い、大きな災害に見舞われるとき、なお揺らぐことなく「全能の父」に信頼し続けることは難しいものです。

　古代のクリスチャンも同じでした。エフェソの信徒への手紙の著者は、教会の人々のために祈らねばなりませんでした。「わたしたち信仰者に対して絶大な働きをなさる神の力が、どれほど大きなものであるか、悟らせてくださるように」（1・19）と。

「絶大な働きをなさる神の力」は「悟らせて」もらわねばならないものでありました。神が自分たちの人生の基盤になる、生きる支えになるということは、人間が生きてゆく営みの中で育てられてゆく確信であるということです。「知恵と啓示との霊」を受けて、「心の目」が開かれ「神の招きによってどのような希望が与えられているか」人は学んでゆく（1・17―18）、そのように手紙の著者は信じています。

わたしたちの生きる希望は、いつでも人の日常に備わっているわけではありません。わたしたちは揺らぐことなく、信頼が植え付けられている者でもありません。それは苦難の中で、自分の魂が迷い、途方に暮れるときに、それでも自分の外に存在する大きな希望に慰められる、その経験によって、育てられてゆくものです。

わたしの魂が傷ついていても、空には太陽が今日もかかわらず道を照らしてくれることに人は慰められる。わたしが人を傷つける欠け多い人間であっても、神はイエスを通して大いなる赦しを与えてくださったという事実に、人は希望を与えられます。そのことは、自分をその神とつなげることなしには、感じ取ることができません。人が神とつながらなければ、神は決して全能にはならないのです。

だからこそ、エフェソの信徒への手紙の著者は言っています。「あなたがたが主イエスを信じ、すべての聖なる者たちを愛していることを聞き、祈りの度に、あなたがたのことを思い起こし、絶えず感謝しています」（1・15―16）。イエスを信じ、同じように信じる者たちと関わり合うことで、人は神とのつながりを見出すからです。

現代人のわたしたちが「神の全能」を生きることは、イエス・キリストと教会を手がかりにしてはじめて可能になるということを覚えたいと思います。

（日本聖書神学校教授）

使徒信条　2　その独り子、我らの主、イエス・キリスト

わたしの立つべき場所で、わたしを背負っている方

菅原（すがはら）　力（つとむ）

子どもの頃は典型的な野球少年でした。学校が終わったら走って家に帰り、鞄（かばん）を放り投げてグローブとバットを持って空き地に向かって走り出す、そんな毎日でした。空き地といっても中途半端な広さで、打った打球がしょっちゅう隣接した家の敷地の中に飛び込んでいきました。

ただ敷地の中に飛び込むだけならいいけれど、たまに「ガチャーン」というなんともい

えない音を伴っていました。我々は、その「ガチャーン」という音が響くと、まるでそれが百メートル競走のスタートの合図でもあるかのように、グローブとバットを抱えて走り出すのです。ものすごいスピードで走り出すのです。あたかもそのために野球の練習をしているかのように逃げ出すのです。

そしてほとぼりが冷めたであろう頃に戻ってきて、違う子どもたちのグループが野球をやっているような顔をして（どんな顔だ）ゲームを始めるのでした。

ある時クラスに転校生がやってきました。彼もまた無類の野球好き。早速仲間に加わって空き地の常連になったのです。ところが彼には我々と違うところが一つありました。それはあの「ガチャーン」という音が聞こえると我々はいっせいに走り出していくのに、彼は音の聞こえる方向にゆっくりと歩いていく、ということでした。彼は音の鳴った家に行って「すいませんでした」と頭を下げるのでした。自分が打った打球であろうがなかろうが、彼は頭を下げに行くのでした。

「なんていやな奴（やつ）なんだ」と思いました。「性格悪いぜ」と思いました。仲間の中には「一緒に野球やるの止めよう」という子もいました。

しかし彼は我々と一緒に野球をし続け、頭を下げに行くのもやめませんでした。もうずいぶん前の記憶。特に鮮やかに覚えていたというわけでもなく、引き出しの奥のほうに入り込んでいきました。

一人の父親が教会を訪ねてきました。彼の息子が非行に走り、手がつけられず憔悴しきっていました。一度だけ息子も一緒に連れてきたことがありました。でも息子は他人事のようにそっぽを向いていました。ガムをかみながら、唾を吐いていました。父親はこの息子のことで夜も眠れないという様子でした。

この父親にとって息子のしでかしたことは、自分のものでした。息子の恥は自分のもの。息子のしたことで自分自身が裁かれている、と父親は受けとめていました。父親の疲れた姿は、そのことを物語っていました。

この父親と出会ったとき、あの時一人で頭を下げに行った彼のことを、突然思い出しました。本当ならわたしが立つべき場所に、わたしに代わって立っている人がいる、あの光景です。父親は息子の立つべき場所に立っている。立って息子をそのまま背負っている。息子は父親がどこに立っているのか、何を背負っているのか知ろうともしない。しかし父親は、息子が立っている場所で、その場所を知ろうともしない息子を背負っているのです。それは空き地での光景と重なり合っていくのです。

自分が立つべき場所に誰かが立っていてくれる、そういう経験はわたしの歩みの中に少なからずあって、折り重なっていくのです。わたしに代わって黙って父が立ってくれていた。母が背負ってくれていた。妻が立ってくれていた。あの人が背負ってくれていた。わたしはまちがいなく「背負われて」生きてくることができたのです。

ルカによる福音書に、主イエスがペトロの否認を予告するときのことが描かれています。「シモン、シモン、サタンはあなたがたを、小麦のようにふるいにかけることを神に願って聞き入れられた。しかし、わたしはあなたのために、信仰が無くならないように祈った。

だから、あなたは立ち直ったら、兄弟たちを力づけてやりなさい」（22・31―32）。このとき主イエスは知っておられた。ペトロの信仰がふるいにかけられるような誘惑のときが来ることを。ペトロが誘惑の中で破れていくことも。

「主よ、御一緒になら、死んでもよいと覚悟しております」。そう語ったペトロに対して、ペトロよ、あなたは試練に出会って打ち負かされる。誘惑の前で、完敗してしまう。けれどもそれで終わりなのではない。誘惑に敗れたその場所には、あなたの信仰がなくならないように祈っているわたしの祈りが注がれている。あなたがわたしを裏切り、あなたの信仰が崩れても、わたしはあなたのその場所に立っている。あなたはわたしの祈りの中にあることに気づいて、歩み出してほしい。キリストはそのように語りかけられたのです。

ペトロは、主が言われていることを受けとることはできませんでした。

ペトロは、主イエスの言葉が、自分に語られている言葉であることをやがて知ることになります。主イエスはわたしの弱さを熟知しておられた。不信仰も、愚かさも、すべて知っておられた。だからおまえはダメだ、というのではなく、あなたの信仰がなくならないように祈っていると言われて、祈り続けてくださっていたのだ、と。

ペトロはその後もこの時の主イエスの言葉を何度も思い出したでしょう。主はわたしの性格、性質を見抜いておられる、ということ以上に、わたしという人間がどんな脆い場所に立って生きているかを知っておられる方なのだ、ということに気づかされていくのです。その場所に主ご自身が立ってくださり、わたしのために罪人の一人となってくださり、十字架にかかり、わたしを背負ってくださった。主はわたしの立っている場所に、あの時も、今も立ってくださって、わたしを背負い、祈り続けてくださっている。そのことを受けとり続けたでしょう。

イエス・キリストはわたしを背負うためにこの世に来てくださった。わたしの立つべき場所に立つために、神の身分であったのに、わたしに仕える僕となってくださり、わたしがどうしようもできないでいる罪、わたしが受けるべき罰を、みな背負い、神の恵みの何たるかを示してくださった。

ペトロもわたしも、たまたま背負われたのではありませんでした。背負われなければ生きていけないものとして、背負われてきたのです。人は背負われて生きるものだということを、わたしたちは経験してきました。自分の立つべき場所に、たった一人で立ち続けて生きるのではなく、その場所に立ってくださる方と一緒に歩んでいくことができる、そのことを経験してきたのです。

多くの人に背負われているわたし。そして、われわれはイエス・キリストにすべてを背負われて、生かされているのです。

（日本基督教団　新生教会牧師）

使徒信条　3　主は聖霊によりてやどり、処女マリヤより生れ、ポンテオ・ピラトのもとに苦しみを受け

イエス・キリストはこの世界に生き、死んだ

小林よう子

「聖霊によりてやどり、処女マリヤより生れ、ポンテオ・ピラトのもとに苦しみを受け」

使徒信条のこの部分は、イエス・キリストの地上における生涯を現しています。それが、誕生と死に至る事情しか述べていないということがよく指摘されます。けれども、使徒信条が大事にしているのはあくまで「キリスト教が信じていることの内容」であって、イエ

スの行いや言葉を言い表すことが目的ではありません。ここで強調されているのは、わたしたちが「救い主」として信じるお方が、具体的な一人の人間として歴史上実際に誕生し、生きられたということなのです。そのために、ここには二つの固有名詞が登場します。「マリヤ」と「ポンテオ・ピラト」という名前です。

固有名詞が二つ含まれている、ということについて、わたしにはとても印象的な経験があります。以前、台湾に行き、現地の教会の礼拝に出たことがありました。わたしは中国語（北京語）も、台湾で一般的に使われている台湾語（福建語）も知らないので、礼拝中に話されている言葉は、全く理解できません。ただ、お祈りの最後に「アーメン」と言うのだけがわかるくらいでした。ところが、礼拝出席者たちがみんなで一斉に使徒信条を告白した時には、それが使徒信条なのだということがはっきりわかりました。全然理解できない言語の中で「マリヤ」と「ポンテオ・ピラト」の二つの名前だけが聞き取れたからです。それはとても不思議で嬉しい経験でした。世界中のキリスト者たちが、同じ使徒信条を告白していることを実感できたからです。

イエスの生涯の特殊性

最初の名前「マリヤ」（新共同訳は「マリア」）は、イエスの誕生に関わって登場します。まず、イエスは「聖霊によりてやどり」と語られます。この言葉が現しているのは、この誕生が「聖霊」、すなわち神の働きによるものであったということです。普通の誕生ではなく、神の特別なご計画の実現としての誕生であったことを示しています。そして、母親の名前は「マリア」であったというのです。マリアという名前は、当時のユダヤ人としては一般的な名前だったと言われます。つまり、これは普通の人の名前です。けれども、具体的な一人の人を示す名前です。どこの誰だかわからない人から生まれたのではなく、イエスはマリアという名前の人を母として生まれた、ということを示している大事な名前です。

現代のわたしたちにとって問題になるのは、このマリアが「処女」と記されていることです。例えばカトリック教会では、イエスの母マリアが「処女」であったことが重要なこととして信じられています。正直な話、わたしが洗礼を受けたいと思った時に、使徒信条の「処女マリヤより生れ」の部分は、「信じている」と言えるだろうかという迷いを感じる一番の難関でした。聖書がこのことをどのように記しているのかということについても、簡単ではない難しさがあります。

ただ、考えていくうちに、「イエスの母マリアが処女であった」ことを「事実として信じる」ことが使徒信条にとって大事なのかというと、それは違うのかもしれないと思うようになったのです。使徒信条は、「キリスト教が信じていることとは何か」を初期の教会がまとめたものです。使徒信条が、「キリスト教」のシンボルになり、目印になります。使徒信条を告白するかどうかによって、その信仰がキリスト教なのかどうかを知ることができるのです。

キリスト教にとって大事なこと、その一つは「三位一体の神」を信じるということです。使徒信条も、初めに「父なる神」、次に「子なるキリスト」、そして「聖霊」について語ります。そして、この箇所は「子なるキリスト」について記されている部分です。わたしたちは「子なるキリスト」の、何を信じるのでしょうか。それは、キリストが一人の人としてこの地上で生きたこと、だからわたしたち人間のことを御自分のこととしてわかってくださる方であるということです。すると、使徒信条がこの部分で大事にしているのは、イエスが一人の人として生まれ、人としての苦しみを経験されたということなのだとわかってきます。

「聖霊によりてやどり」という部分が伝えようとしていること、それはイエスの誕生が神の働きによるものである、ということなのだと考えました。「処女マリヤより生れ」という部分が言おうとしていることの一つは、イエスはマリアという名前の一人の女性から生まれたということです。その母が「処女」だと言われていること、そこにもやはり、イエス誕生の「特殊性」の主張が感じられるのです。イエスが一人の人として、この地上に誕生されたこと、それがどんなに特別な出来事であったかを言葉に尽くして表現しようとした時、二千年前の人々は「母マリアが処女であった」という言い方を選んだと言っていいのではないでしょうか。そして、そう理解できるようになった時、使徒信条は、わたしにとっての信仰告白になりました。

イエスの生涯の地上性

次に出て来るもう一つの名前が「ポンテオ・ピラト」という名前です。もしかすると、ポンテオ・ピラトという人物が何者かをよく知らないという方がおられるかもしれません。「ポンテオ・ピラトのもとに苦しみを受け」とあるのだから、この人は悪人なのではないかと感じている方もあるかもしれません。でも、キリスト教にとっての悪者として、ピラトの名がここにあるのではありません。「ポンテオ・ピラト」は、イエスの十字架刑という出来事が起こった時代の重要な目印になる名前なのです。なぜなら、彼は歴史上実在したことが証明できる人物だからです。

イエスも、その母マリアも、庶民として生きました。今から二千年前の庶民は、誕生した日も亡くなった日も、正確な記録は残りません。だいたいどれくらいの時代に生きていたかということは推測できても、当時の歴史資料には登場しませんし、今となっては証明することもできません。イエスの生涯は、きちんとした歴史の記録の中には残っていないのです。ところが、イエスに死刑を下したローマ総督の名前は福音書にしっかり記録されています。それが「ポンテオ・ピラト」なのです。

ルカによる福音書は、洗礼者ヨハネが登場した時代をこのように記しています。「皇帝ティベリウスの治世の第十五年、ポンティオ・ピラトがユダヤの総督……であったとき」

（ルカ３・１―２）。そして、このピラトがイエスに死刑の判決を下すのです。「そこで、ピラトは彼らの要求をいれる決定を下した」（ルカ23・24）。また、使徒言行録では、信者たちが祈りの中でこのように語っています。「事実、この都でヘロデとポンティオ・ピラトは、異邦人やイスラエルの民と一緒になって、あなたが油を注がれた聖なる僕イエスに逆らいました」（使徒４・27）。

ピラトは、ローマ総督として歴史の記録に残っている人物です。彼はローマ帝国の第五代ユダヤ総督で、在任期間は二六年から三六年だったということがわかっています。また考古学的な資料として、彼の名前が刻まれた石碑も発見されています。福音書が、イエスに死刑判決を下したローマ総督としてポンテオ・ピラトの名前を記し、その人物が実際に歴史上確認できるということは、二千年前に無名の庶民の一人として生きたイエスが、実在したことを間接的に証明することになるのです。そして何より、十字架刑が行われた年代を特定します。これは、わたしたちの信仰にとって、とても大事なことです。なぜなら、イエスが生きた時代、生きた場所が具体的にわかるからです。それは、わたしたちが信じるキリスト教が救い主とするイエスが、作り話の中の人物ではないということです。わたしたちが生きるこの世界に、実際にかつて生きた人物であったということ。それを具体的に証明するのが「ポンテオ・ピラト」という固有名詞です。この名前は、イエスが生きた時代と場所を特定する目印になるのです。

人間の罪の重さ

一方で、福音書が記す「ポンテオ・ピラト」という人物の姿は、わたしたちが持っている人としての弱さや醜さという罪も伝えています。彼はイエスが死刑に値するとまでは考えていませんでした。けれども彼は、自分が責任を持つユダヤで面倒なことは起こしたくありませんでした。ピラトは自己保身のためにイエスを十字架に引き渡してしまったのです。「ピラトは群衆を満足させようと思って、バラバを釈放した。そして、イエスを鞭(むち)打ってから、十字架につけるために引き渡した」(マルコ15・15)とあるように、わが身を守るために、他の人が犠牲になっても知らぬ振りを決め込んでしまう。そういう醜さは決してわたしたち自身と無縁ではありません。この名前の人物は、そんな弱さを持つわたしたちの代表であるとも言えるでしょう。

そして、イエスが受けた「苦しみ」、十字架刑は、国家によって行われた刑罰でした。ローマ帝国のユダヤ総督であったピラトが下した刑によって苦しみを受け、命を奪われたということが、人間の罪をも表します。その背後には人間のねたみや憎しみ、また弱さや醜さが存在しましたが、イエスの命を奪ったのは、決して個人的な思いや事情ではなく、国家の権力であったということも、その罪の重さを示していると言えるでしょう。

このように、使徒信条にある二つの固有名詞は、イエスの生涯がまぎれもなくわたしたちが生きるこの世界で起こったことであると証言しているのです。

（日本基督教団　八戸小中野教会牧師）

使徒信条　4　十字架につけられ、死にて葬られ、陰府にくだり

死の闇にも輝くインマヌエルの光

浦上　充

私たちは、人生の中で多くの出会いと別れを経験しながら歩んできました。喜ばしい出会いもありましたが、辛くて受け止めきれない別れもありました。

私自身、牧師として歩む中で、多くの喜びの出会いをいただいてきましたが、同じだけ多くの方々の命の最後の時に立ち会い、悲しい別れを経験してきました。中には、面会者が一人もなく、孤独な病室の中で私の手を握りしめて旅立たれた方がおられましたし、何

も語らずに、突然、自らの命を死に引き渡した方もありました。遺された者の声にならない悲痛な叫びの中、枕元へと足を進めたことを思い出します。このような命の現場に立つ時、私たちは改めて、死というものが抗（あらが）うことのできない大きな力であると感じます。

この死の力の前に立ち尽くすしかない私たちに、しかしなお届いてくる福音があります。「十字架につけられ、死にて葬られ、陰府にくだり」！　この世に創造されたものはすべて、死の定めを負っています。しかし、そのような私たちの死の定めすらも、共に担ってくださる方がある。その喜びの知らせがここに示されています。

本来、私たちが担わなければならなかったもの

イエスさまは神の子でありながらも、人としてこの世に生まれ、地上を生き、友なき者の友となりました。そして、愛する弟子に裏切られ、十字架の苦しみを受けて死なれたのです。これほど悲惨な最後はありません。しかし聖書は、ここに神の究極の愛が示されているのだ、と語ります。

本来、あの十字架に架からなければならなかったのは私たちでした。パウロは、ローマ

の教会に宛てた手紙の中で、「罪が支払う報酬は死です」（ローマ6・23）と語っていますが、その罪はすべて私たちのものでした。この罪ゆえの死の苦しみは私たちが負うべきものでした。「わが神、わが神、なぜわたしをお見捨てになったのですか」（マルコ15・34）との十字架の叫びは、本当は私たちのものでした。

しかし「全能の父なる神」は、「独り子」イエス・キリストを通して、私たちの罪も、死の苦しみも、代わりに担うと決めたのです。イエスさまの次のお言葉の通りです。「人の子は仕えられるためではなく仕えるために、また、多くの人の身代金として自分の命を献げるために来たのである」（マルコ10・45）。ここには、債務奴隷を買い戻すというイメージがあります。罪の奴隷となってしまった私たちを買い戻す（このことをキリスト教の専門用語で「贖い」「贖罪」と言います）ために、イエスさまは「身代金」として十字架に自らを差し出されました。

使徒信条において、イエスさまが「十字架につけられ」「死にて葬られ」「陰府にくだり」と、死に関する言葉が幾度も重ねられているのは、イエスさまが確かに、十字架の上で苦しみを受け、人として死なれたのだということを強調するためだとも言われています。

この使徒信条が生まれた当時、イエスさまは本当に死んではいなかったのだという説や、そもそも神の子が苦しみを受けるはずがないという説がありました。それに対して教会は、イエスさまが「十字架につけられ」本当に死んだことを（それゆえ「死にて葬られ」たことを）、私たちの救いにどうしても不可欠なこととして強調し、洗礼志願者にも伝え、その言葉が使徒信条に刻まれたのです。

どこまでも共にいてくださるイエスさま

イエスさまの十字架への道行きを、パウロは次のように記しています。最初期の賛美歌の歌詞ではないか、とも言われています。

「キリストは、神の身分でありながら、神と等しい者であることに固執（こしつ）しようとは思わず、かえって自分を無にして、僕（しもべ）の身分になり、人間と同じ者になられました。人間の姿で現れ、へりくだって、死に至るまで、それも十字架の死に至るまで従順でした」
（フィリピ２・６―８）

天におられたイエスさまが、自分を無にして、へりくだってくださる。それが何のためであったかと言えば、罪のうちにさまよっている私たちを捜し出すためです。その罪を代わりに担い、私たちと共にあるためです。マタイ福音書は、このようなイエスさまのご生涯の意味を、旧約聖書の預言と重ねて理解しました。

「『見よ、おとめが身ごもって男の子を産む。その名はインマヌエルと呼ばれる。』この名は、『神は我々と共におられる』という意味である」（マタイ1・23）

クリスマスの時期の定番のみ言葉であり、イエスさまの誕生とつなげて理解されますが、「インマヌエル」は、誕生から十字架、そして復活まで、イエスさまの全生涯に鳴り響いている福音です。私たちとどこまでも共にいようとする救いの熱情によって、イエスさまは低く低く降(くだ)ってきてくださったのです。その降下の道行きの果てが「陰府」でした。「陰府にくだり」は、使徒信条の中でも、インマヌエルの福音がひときわ輝く言葉であると私は感じています。

御手から切り離されたはず、だったけど

陰府は、ヘブライ語で「シェオル」、ギリシャ語で「ハデス」と言い、死んだ人間が行く世界とされています。生前の罪の罰を受ける地獄（ギリシャ語で「ゲヘナ」）とは区別され、無の世界、闇の世界が近いと思います。

陰府は、聖書の中でも様々な姿で描かれています。例えば、死期の迫りを覚え、病の中で嘆き苦しむ詩人が詠んだ詩編88編に、陰府が出てきます。

「わたしの祈りが御もとに届きますように。わたしの声に耳を傾けてください。
わたしの魂は苦難を味わい尽くし、命は陰府にのぞんでいます。
……
あなたはこのような者に心を留められません。彼らは御手から切り離されています。
あなたは地の底の穴にわたしを置かれます、影に閉ざされた所、暗闇の地に」

（3―7節）

ここに表されているのは、旧約聖書の時代の伝統的な死生観です。陰府とは、神さまとの関係が完全に断たれた深い暗闇の世界です。一度そこに落ちてしまえば、もう二度と光を見ることも神さまを仰ぐこともありません。永遠に続く暗闇の中で、希望を抱くこともなく、神さまの憤り（いきどお）にさいなまれ続けるのだと考えられていました。

この詩人は、命を終えるという肉体的な死を恐れているだけではありません。彼が本当の意味で恐れているのは、陰府へと落ちていくことです。だからこそ彼は、神さまに「わたしの声に耳を傾けてください」と救いを求め、祈り続けているのです。

そしてとうとう、この暗闇の陰府にも救いの光が射し込む時がやってきます。ペトロの手紙一3章19節に、次のように記されています。「そして、霊においてキリストは、捕らわれていた霊たちのところへ行って宣教されました」。

「捕らわれていた霊たちのところ」とは、陰府のことです。詩編88編が記すように、陰府は、神さまの手から切り離された場所であり、絶望と闇が支配する場所であったはずで

14世紀頃に描かれた、イスタンブールのコーラ修道院（現カーリエ博物館）の天井画

す。しかしその世界に、世の光であるイエスさまが、救いの業を成就するために向かったのです。すべては、どこまでも私たちと共に歩むためであり、救い主を信じる者が一人も滅びることなく、永遠の命を得るためでした。

このイエスさまの陰府降下は、特に東方の伝統を受け継ぐ正教会（ギリシャ、ロシア、東欧を中心に世界に広がっています）で大切にされてきました。復活大祭（イースター）で掲げられるイコンには、陰府に降るイエスさまが登場します（上掲）。「陰府の門」の扉を打ち破って踏みつけたイエスさまが、罪ある人間の象徴とされるアダムとエバの手を取って、棺の中から引き揚げている様子が描かれるのです。

この陰府に降られたインマヌエルの主の存在は、

愛する者を亡くした方々――ことに、この世に生まれることができなかった幼子の両親や、多くの理由によって自ら命を死に引き渡さざるを得なかった方の遺族・友人、すべてを憎んでいるかのようにこの世を去った方の身近にいた方々――にとって、大きな慰めとなることでしょう。なお、あの人のそばに主がいてくださるのだ、と。

イエスさまは復活された後、弟子たちにおっしゃいました。「わたしは世の終わりまで、いつもあなたがたと共にいる」（マタイ28・20）。弱くされている者、苦しい状況の中でもがいている者と共に歩み、この福音を力強く語り伝えなさいと、主は弟子たちを、そして私たちをこの世へと遣わされています。

神さまの手は、私たちがどれほど離れたと思っていてもしっかりと届き、イエスさまは、私たちがまったく断絶してしまったと思うような状態にあったとしても、なお共にいてくださいます。この恵みを受けて、これからも賛美する者でありたいと思います。

（日本基督教団 東中野教会牧師）

使徒信条　5　三日目に死人のうちよりよみがへり

復活がなければ希望はない

小島誠志（おじませいし）

教会に生きて働いておられる方

「死にて葬られ、陰府にくだり、三日目に死人のうちよりよみがへり」

牧師をしてきましたので、礼拝で告白する使徒信条のいちいちは一応わかっているつもりでした。なかでも、十字架と復活はこの告白の礎（いしずえ）をなすものと信じているつもりでした。

しかしいま、思い返してみればその告白の内包している豊かさのほんの一端もわかっていなかったような気がします。そのために、教会形成においても伝道の働きにおいても行きづまってばかりいました。

若いころ、二年間の伝道師の務めを終え、誕生したばかりの教会に初めての定住牧師として赴任したとき、わたしには希望もこころざしもありませんでした。見知らぬ土地で、路上に放り出されたような気持ちでした。

毎聖日の説教が苦痛でした。礼拝が終わるたびに体中の水分が蒸発し、干からびてしまうようでした。水のない井戸から無理やり水を汲み上げた状態だったと言ったらいいのでしょうか。ぐったりしていました。帰っていく教会の人たちをうつろな顔で見送りました。「こんな説教を聞かされていては、人は来なくなるだろう」と思いました。ところが人は来ました。次の聖日も。その次の聖日も。ときには家族や知人を伴って。

どうして。

こうして、伝道者としては七、八年の経験をしたころでしょうか。悪戦苦闘の中からようやくぼんやりとひとつのことがわかり始めました。教会の人たちは信仰をもって来ているんだ、と。教会に今も生きて働いておられる方を信じているのだ、と。未熟な若い伝道者をそこに立てておられるその方を信じ、その方を待ち望んで毎週毎週足を運んでおられるのだ、と。

　そのことが次第にわかってきたことと、若い伝道者として働きが少しは楽になり、重荷から解放されていったこととはつながっていたと思います。復活の主を信じなければ、教会は生きることはできないし、牧会者は立つことができないのです。

召し使いは知っていた

　ヨハネによる福音書2章にカナの婚礼の出来事が記されています。婚宴の席でぶどう酒が尽きてきました。台所では大変な騒ぎになろうとしています。宴もたけなわの席で肝心のぶどう酒が切れてしまうなんて興ざめです。花婿（はなむこ）の家の名誉にかかわることです。

　イエスの母マリアは召し使いたちに言いつけました。イエスが何か言いつけたら、そのとおりにしてください、と。間を置いて、主イエスは言いつけます。六つの大きな水がめに水を入れなさい、と。

　ぶどう酒ではなく、なぜ水を運ぶのか、召し使いたちにはわかりませんでした。でも彼らは言われたとおり水をいっぱい運びました。井戸に何度も行ったり来たりして。

主イエスに言われて彼らがその水を宴会の世話役のところに持って行くと、世話役はおどろきました。どこからこんな最上のぶどう酒が来たのか知らなかったので、と聖書には記されています。しかし「水をくんだ召し使いたちは知ってい」ました（9節）。

なぜ水が最上のぶどう酒になったか、水を運んだ召し使いたちにはわかりました。主イエスが手を添えられたからです。

水を運んだ召し使いたちのことを、いま、わたしは牧会者になぞらえて考えています。牧会者たちは水を運ぶのです。限界を持った人間の言葉である水を運ぶことしかできません。水を運びながら何度も考えるのです。どうしてこんなつたない言葉を運び続けなければならないのだろうか。徒労ではないのか。

しかし、その水に教会の主が手を添えていてくださるのです。この水はぶどう酒に変えていただけるのです。つたない人間の言葉が人を生かす命の言葉に変えていただけるのです。

「下手（へた）」と言われてもいいのです。「まずい」と言われたって構いません。勇気凛々（りんりん）、喜

8 月刊行予定

病と信仰
病を担うイエスと生きる
黒鳥偉作

編集部だより

主の祈り 今を生きるあなたに
W. H. ウィリモン／S. ハワーワス 著
平野克己 訳
●四六判・234頁・2,200円《2003年10月刊》

洗礼 新しいいのちへ
W. H. ウィリモン 著　平野克己 訳
●四六判・250頁・2,200円《2006年1月刊》

北米でもっとも著名な説教者、ウィリアム・ウィリモンによる二冊です。どちらもたいへん読みやすく、しかも内容は深く、一人で読んでも、グループで読んでも、新しい気づきと喜びと恵みをいただくでしょう。

『洗礼』の原題は、*Remember Who You Are*（思い出せ、あなたが誰であるか）。本書は洗礼準備のために読むだけでなく、すでに洗礼を受けた方が、自分の受けた洗礼について学び直すためにも、とてもすばらしい本です。自分が洗礼を受けた者であると思い出すこと、それは「自分が誰であるか」を思い出すことなのです。

『主の祈り』の冒頭にウィリモンは、「キリスト者とは、主の祈りを祈ることのできるひとたちのことです」と書いています。すてきですね。私たちの存在の根源にあるこの祈りを、共に学びましょう。（D）

信仰生活ガイド
全5巻《第1回配本》

主の祈り

林 牧人 編

「主よ、わたしたちにも祈りを教えてください」。新型コロナウイルスへの不安が募る今こそ、キリスト者の祈りの原点「主の祈り」に立ち返ろう。主の祈りの全体像を概説したうえで、各言葉を優しく丁寧に解説する。毎日の生活の中で、どのように祈り続ければよいかの手ほどきも行う。

●四六判・並製・128頁・1,300円《5月刊》

洗礼を受けるあなたに
キリスト教について知ってほしいこと

越川弘英／増田 琴／小友 聡／柳下明子／山本光一

求道者、洗礼志願者の学びのための入門書。人間とは何か、宗教とは私たちにとってどのような意味があるのかという広い問いから始まり、聖書・教会へと焦点を絞って洗礼の意義を説く。そして洗礼を受けてからの信仰生活・社会との関わりについて懇切に手引きする。

●四六判・並製・152頁・1,600円《5月刊》

押田成人著作選集2　全3巻《第2回配本》

世界の神秘伝承との交わり　九月会議

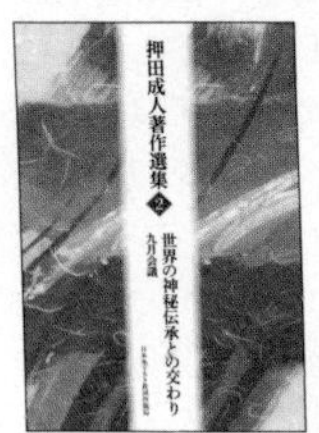

押田成人（しげと）　**宮本久雄／石井智恵美** 編

ヒンドゥー教やイスラム教などの世界の伝統的宗教との出会い、インドや韓国で霊的生活を営む人々との交わりを描く。世界の宗教者が、信州・高森草庵に集って開かれた「九月会議」（1981年）における対話や、現代文明や技術主義に対する厳しい言葉を収める。

●A5判・上製・260頁・2,700円《5月刊》

信仰生活ガイド
全5巻《第3回配本》

使徒信条

古賀 博 編

キリスト教信仰の「骨格」と言うべき使徒信条を、現代日本に生きる人々の生活と思いに寄り添いつつ、分かりやすく解き明かす。これから信仰生活を始めたい方への入門書としても、長く信仰生活を送ってきた方が自分の土台を再確認するためにも、おすすめ。

●四六判・並製・128頁・1,300円《7月刊》

【シリーズ続刊】
『信じる生き方』2020年10月予定
『教会をつくる』2021年1月予定

信仰生活ガイド
全5巻《第2回配本》

十戒

吉岡光人 編

何千年も昔にイスラエルの民に与えられた「十戒」は、なぜ教会の信仰として今も唱え続けられているのか。新型コロナウイルスによる混乱に至るまでの現代的問題に目を向けつつ、その意義を紐解いていく。多彩な執筆陣による、現代を生きるキリスト者にとっての十戒を知る決定版！

●四六判・並製・128頁・1,300円《6月刊》

必ず道は開かれる

越前喜六（えちぜん きろく） 上智大学名誉教授

日常において出会う喜びやぬくもり、思いがけず直面する悲しみや苦しみ……。そうした一つひとつの事柄の意味、そして「復活」や「愛」といったキリスト教のキーワードについて、長年人々を導いてきた越前神父が語るエッセイ集。プレゼントに最適な一冊。片柳弘史神父推薦！

●四六判・並製・112頁・1,000円《6月刊》

日本キリスト教団出版局

新刊案内

2020.7

神と共に変わりつつ――この世を生き抜くためのメッセージを聴く

ルカ福音書を読もう 上

この世を生きるキリスト者

及川 信

たとえ話の宝庫、ルカ福音書。だが、福音書全体について、私たちはどれだけ知っているだろうか。全体の文脈を通して読み解くことで、一つひとつのたとえ話がさらに深く私たちの心に響く。私たちを変え、そして自身も変わり続ける、生ける神の声が聞こえる。上は12章までの黙想を収録。

●四六判・並製・280頁・2,600円《7月刊》 最新刊！

〒169-0051 東京都新宿区西早稲田 2-3-18
TEL.03-3204-0422 FAX.03-3204-0457
振替 00180-0-145610 呈・図書目録
http://bp-uccj.jp
（ホームページからのご注文も承っております）
E-mail eigyou@bp.uccj.or.jp
【表示価格はすべて税別です】

い、この水を運び続けます。主がみ手を添えていてくださる特別な水、召し使いたちの労苦の重さがそのまま祝福の重さに変えていただける水なのですから。

復活の主の顕現

カナの婚礼の出来事は、教会とともに生き、教会を通してご自身のみわざを進められる復活の主を証言しているのです。

そう言えばカナの婚宴の書き出しの言葉はこうでした。「三日目に、ガリラヤのカナで婚礼があって……」。あの「三日目」というのは何でしょう。前の出来事から数えて三日目、ということでしょうか。そうではないのです。キリストの十字架の死から「三日目」ということです。すなわち主の復活の「三日目」を意味しています。

わたしたちの教会は復活の主がその中心にいてくださる祝宴に招かれているのです。ぶどう酒が尽きてきています。伝道の困難が叫ばれています。省みて、遣わされているわたしたちの非力を思わないではいられません。もしわたしたちが歯を食いしばってがんばっているだけなら希望はないでしょう。

しかし忘れてはなりません。今は復活の主のいます「三日目」なのです。復活の主が「その栄光を現され」（11節）る舞台でわたしたちは立ち働かせていただいているのです。

立ち尽くす風景の中で、なお生かされて

わたしは牧会者として五〇年を過ぎました。振り返れば夢のような年月に思えます。失敗もいっぱいしました。教会の内外の人たちにたくさん迷惑をかけてきました。普通にひとつの仕事に五〇年も関わってきたら、ひととおりのことには精通したベテランになるはずです。そうなりませんでした。いまでも手さぐりです。

九年前、前任の教会の任を終えることを決めた折、すこしゆとりを持って教会の働きをしようと思いました。ちょうどそのとき久万（くま）教会からの招聘（しょうへい）の話がありました。前任牧師を他教会に紹介した責任も感じていて招聘を受けることにしました。

赴任して思い知らされたこと、それはゆとりを持って教会の働きなどできないということでした。四国山地の孤立した町には外からのものに対するガードの堅さがありました。その半分が無牧であった当時九〇年の歴史を持つ教会には、生きてきた年月の傷もありま

した。ゆとりを持って、などとんでもないことです。ものを砕くように、ものを溶かすようにして道を見いだしていくよりないのです。

たぶん、日本全国どこに行っても状況は同じだと思います。教会も伝道者も立ち尽くすしかない風景。しかし、わたしたちには教会があるのです。そこでわたしたちは生かされています。

弟子たちを残して父のもとに帰るとき、キリストは弟子たちに言われました。「しばらくすると、世はもうわたしを見なくなるが、あなたがたはわたしを見る。わたしが生きているので、あなたがたも生きることになる」（ヨハネ14・19）。

世はもうキリストを見てはいません。しかしわたしたちはキリストを見ています。みわざをなさるキリストを。教会を通して栄光を現わされるキリストを。

復活の主がここで生きて働いておられるので、わたしたちも生きるのです。

さて、イエスの死後「三日目」に空の墓を見た女たちに「白い長い衣を着た若者」は告げました。あの方は復活してここにはおられない。弟子たちに言いなさい。「あの方は、あなたがたより先にガリラヤへ行かれる。かねて言われたとおり、そこでお目にかかれる」（マルコ16・7）。

ガリラヤは、神の国を伝える主イエスに弟子たちが従い、共に労した場所です。福音を伝えるその労苦の現場で弟子たちは復活の主に出会います。

「復活」、それは**教会的経験**なのです。

「その日」につながる今日を生きる

わたしの部屋にルネサンス期の画家パオロ・ヴェロネーゼの「カナの婚礼」複製画が飾られています（左掲）。絵はイタリアの当時の建物、風景、衣装で描かれており、祝宴の舞台で躍動する百人以上の人物の姿が見えます。花婿花嫁はその画面の左隅に配されています。画面の中央にはイエス・キリストが正面を向いて座しており、その隣には母マリアがいます。

一段高い背後の回廊には浮き立つような足どりで食べ物を運び込む人たち、肉をさばいている人、さかんに議論している人たち、舞台前面では弦楽器を奏でている人、持ち込まれたぶどう酒を試飲している世話役、犬まで賑（にぎ）わいに巻き込まれています。

この絵を見上げるとき幸福な気持ちになります。今、復活の主の栄光は世の人々の目には見えませんが、わたしたちは宣教のわざの中で見させていただいています。やがて、世のすべての人々の中に主の栄光の現わされる日が来るのです。その日につながる今日だと信じるから、わたしたちは水を運び続けます。

（日本基督教団 久万教会牧師）

使徒信条　6　天に昇り、全能の父なる神の右に坐したまへり

キリストのご支配のもとに生きる

佐藤司郎

主イエスの現在

使徒信条は「我らの主、イエス・キリスト」の項目で、「よみがへり」につづいて、「天に昇り、全能の父なる神の右に坐したまへり」と告白しています。これも、聖書に基礎をもつ、使徒的信仰の不可欠の事柄です。主の昇天については、とくに使徒言行録1章6節以下に詳しく伝えられており、神の右に座しておられることは、たとえば、マルコによる

福音書16章19節、ローマの信徒への手紙8章34節、コロサイの信徒への手紙3章1節など、多くの個所で証しされています。

使徒信条のこの箇所で、私たちが第一に注意しておきたいのは、完了形で言い表されている「天に昇り」までと異なり、「全能の父なる神の右に坐したまへり」が現在形で言い表されていることです。この「現在」は、信条が成立した二世紀の時点での現在というだけではない。それは、いつの時代も、これを告白する者にとって、そのつど現在なのです。「イエス・キリストは、きのうも今日も、また永遠に変わることのない方です」（ヘブライ13・8）。

「われ信ず」と告白するとき、かつていましたイエス・キリストは、いま神の右に座していておられると、私たちは告白しているのです。われらの主はいま神と共におられる、というのが、私たちの信仰の明確な認識でなければなりません。

宣教への使命

主イエスがいま神の右におられるという告白は、使徒たちにとって、地上で主と共にいることができないかぎり、痛み以外のものではありませんでした。だからこそパウロはフィリピの信徒への手紙で、こう言っています。「この世を去って、キリストと共にいたいと熱望しており、この方がはるかに望ましい」（1・23）。しかし同時に、それに続けて言います。「だが他方では、肉にとどまる方が、あなたがたのためにもっと必要です。こう確信していますから、あなたがたの信仰を深めて喜びをもたらすように、いつもあなたがた一同と共にいることになるでしょう」（同24―25節）。

聖書が証ししているように（ヨハネ16・7）、主イエスが地上を去ったことは、この方が私たちと無関係になったことではなく、むしろ聖霊において新たな仕方で私たちと共におられることを意味します。主はいま神の右に座しておられるとともに、私たちと共におられる、これも私たちの信仰の明確な認識でなければなりません。

このことは、パウロにおいてそうであったように、聖霊に導かれてこの世へと宣教のために出て行くという生き方を、使徒たちにもたらしたのです（マルコ16・19―20）。主が天に昇り、神の右に座したもうことによって、「かしこより来りて、生ける者と死ねる者とを審きたまはん」その時まで救いを宣べ伝える、使徒的教会と使徒的人間が生み出されました。

キリストのご支配のもとで

さて、「神の右に坐し」ということを、その意味は何か、もう少し詳しく探ってみましょう。

この表現に関連して新約聖書でくり返し引用されるのは、ダビデの詩編110編1節です。「主は、わたしの主にお告げになった。『わたしの右の座に着きなさい、わたしがあなたの敵を、あなたの足もとに屈服させるときまで』と」（マタイ22・44他）。元来戴冠（たいかん）の儀式と関わりをもつと言われるこの詩編で、ダビデが「わたしの主」と呼んでいる方が、メシア（キリスト）・イエスと理解されました。この方に、主なる神は、「わたしの右の座」を用意されたというのです。

右の座とは、私たちのイメージする居場所ではなくて、そこに着く者の立場と権能を意味します。彼は、主なる神によって、王としての権威と全権を行使するように招かれたということです。イエス・キリストは天に昇り、そこに着座された。新約聖書は、それをこう説明します。「キリストは、天に上って神の右におられます。天使、また権威や勢力は、キリストの支配に服しているのです」（Ⅰペトロ3・22）。そしてパウロによれば、この世のどんな力も、私たちを神から引き離すことのないように、「復活させられた方であるキリスト・イエスが、神の右に座っていて、わたしたちのために執り成してくださるのです」（ローマ8・34）。

さらにエフェソの信徒への手紙は、キリストの支配を、世界と教会とに関連させて次のように述べています。「神は、この力をキリストに働かせて、キリストを死者の中から復活させ、天において御自分の右の座に着かせ、すべての支配、権威、勢力、主権の上に置き、今の世ばかりでなく、来る（きた）べき世にも唱えられるあらゆる名の上に置かれました。神はまた、すべてのものをキリストの足もとに従わせ、キリストをすべてのものの上にある頭（かしら）として教会にお与えになりました」（1・20—22）。

イエス・キリストは「すべてのもの」、すなわち、世界の主であり、そのような方として教会に、その主として与えられています。主イエスは、ご自身の体である教会の頭として教会を満たし、教会に対し聖霊において現臨しておられます。

世界の主、教会の主

世界の主、教会の主、われらの主キリストのご支配のもとに生きるとは、どういうことでしょう。二つのことだけ、ここでは申し上げたい。

第一に、私たちは、いまだ「世に属しているかのように生き」（コロサイ2・20以下）ることをしてはならないということです。

コロサイの信徒への手紙は、こう勧めています。「上にあるものを求めなさい。そこでは、キリストが神の右の座に着いておられます。上にあるものに心を留め、地上のものに心を引かれないようにしなさい。……あなたがたの命は、キリストと共に神の内に隠されているのです」（3・1―3）。

神学者のカール・バルトは、これを、「われわれの肉、われわれの人間的本質は、彼、イエス・キリストにあって、神へと挙げられている」と言っています。私たちがすでに、イエス・キリストと共に、あの上なるところにあるのなら、どうして私たちはなお地上的な生き方をつづけることができるでしょうか。キリストの支配の下に生きるとは、私たちが古い人を脱ぎ捨て、日々新たにされ、「上にあるものを求め」つつ、主イエスにならって歩むことです。

第二に、私たちは、今日、イエス・キリストを世界の主、そして歴史の主として改めて告白しなければならないのではないでしょうか。

例えば戦争です。それは、どのような大義があろうとも、どのような理由が申し立てられようとも、国家の暴力であり、命を否定することです。そのかぎり、私たちの信仰からして、きっぱりした否しか語ることはできない。国家の本来の課題は人間の生を促進することにあるのであって、それを抹殺することにあるのでは決してないからです。戦争や暴力、テロリズムが、問題の真の解決をもたらすことはありえません、そうした手段に訴える者は、たとえみずからを神の道具と称していようとも、神ではなく、まさに自分を歴史の支配者とみなし、神の権能を奪い取っているのです。

一九三二／一九三三年冬、ボンヘッファーは、アダムの罪に関連して、これ以上ない鋭さで、ヒトラーの政治的・宗教的悪魔性を暗示したことがあります。「今や人間は中央に立ち、限界をもたない。まずこのことが起こっている。人間が中央に立つということは、今や自分の力で生き、中央から生きないということ、彼は限界なしであるということを意味する。……人間は神のようになる」（『創造と堕落』）。人間が神のようになる「バベルの塔」は、何であれ、やがて必ず崩壊せざるをえないでしょう。

歴史の主は人間ではなくて、主イエス・キリストの神です。人間の行動が神の義を実現したり、それにとって代わることはできません。歴史の真の主は、暴力によってではなく、和解の言葉によって歴史を導きます。今日キリストの支配の下に生きるとは、私たちが、この和解の言葉にしたがって生きることです。和解の言葉は、私たちに、「殺すな」と語り、「むさぼるな」と命じます。また、他者を受け入れ他者と共に生きよ、と命じます。この戒めにしたがって生きるとき、和解の現実は証しされるのです。勇気を失わずに、和解の主と共に歩みつづけていきましょう。

（日本基督教団　仙台北三番丁教会牧師）

使徒信条　7　かしこより来りて、生ける者と死ねる者とを審きたまはん

わたしたちの罪を贖ってくださった救い主の審き

小島誠志

「かしこより来りて、生ける者と死ねる者とを審きたまはん」。この告白はすべての人間を震撼させるものをもっています。人間が審かれるということが言われているからであります。人間の命、生きざまは終われば消えていくというものではないのです。それは問われます。神によって。

わたしたちの生きざまはいろいろな形で今も問われかつ審かれています。人々から。

人々の鋭くきびしい視線のもとにわたしたちの命はある、と言ってもいいのであります。そのためにわたしたちは弱り果てるのです。疲れてしまいます。人生はきびしいと思うのです。

しかし、人の視線は逃れられないわけではありません。人の視線から身を隠すことができないわけではありません。もしわたしたちのすべてが人の視線にさらされているのだとすれば、おそらくだれも生きていけないと思います。隠れている部分があるからなんとか生きられるのです。人の目に触れない心のひだがあるからなんとか生きていけるのです。

しかし、

「かしこより来りて、生ける者と死ねる者とを審きたまはん」

もはや逃げも隠れもできないのです。証拠はすべて挙がっています。「まないたの鯉」だと思うのです。どんなに巧みに人の目をかいくぐったとしても、ここでは万事休すであります。万事休すでない人間はだれもいないのではありませんか。

救い主の審き

しかし、この審きはそういう審きではないのです。人間のすべてを隈（くま）なく点検し断罪する、そういう審きではありません。わたしたちの罪を贖（あがな）ってくださった救い主の審きなのであります。

ここに不思議な言葉があります。

「主は闇の中に隠されている秘密を明るみに出し、人の心の企てをも明らかにされます。そのとき、おのおのは神からおほめにあずかります」（Ｉコリント４・５）

主は闇の中に隠れている秘密も明らかにする方であり、人の心に、いまだ実行されず企てられていることさえ明るみに出されるというのです。だから言い訳はできない、というのであればその通りと思います。だれも断罪を免れることはできない、といえば承服せざるをえないでしょう。そうではないのです。「そのとき、おのおのは神からおほめにあずかります」というのです。終わりのとき、わたしたちが審きの座におかれるときであります。そのとき「おほめにあずかる」。

なぜでしょうか。審きをなさる方がわたしたちの救い主だからであります。わたしたちの罪の贖いのため十字架につかれた救い主はもはやわたしたちの罪を問われないのです。罪のわたしたちの行ったわずかの善に目を留めてくださるのです。わたしたちの中にある善への小さなこころざしを認めてくださるのです。

人は他の人間の隠されていた罪悪を見つけ出したとき、一人の人間の正体をつかんだかのように興奮するのであります（たしかにそれは正体であるに違いないでしょう）。しかし救い主は汚れた罪人の中にあるわずかの善を見逃さないのです。たくさんの間違いや失敗の行為の中にある、救い主の恵みにこたえようとした拙（つたな）い歩みを「よし」としてくださるのです。

たしかにわたしたちは聖なる神にとっておぞましい捨て去られるべき存在であり、それ以外の何者でもありません。しかしもう捨て去られはしないのです。贖い主イエス・キリストが捨て去られる者の道を十字架に至るまで歩み抜いてくださいました。審き主はわたしたちの中の否定されるべきものを、もはやご覧にならないのです。

この罪人は「おほめにあずかる」そのときがあるから、そのときを望みにしながら、拙い一歩一歩を前方に向けて踏みしめつつ生きているのです。

「最も小さい者の一人」への関わり

救い主イエスは、ご自身の再び来りたもうときについてのこんなたとえ話を、弟子たちにされました。

主が再び世に来られるとき、すべての民を羊と山羊を分けるようにより分けるというのです。そして右にいる羊たちに言います。お前たちのために用意されている国を受け継ぎなさい、と。「お前たちは、わたしが飢えていたときに食べさせ、のどが渇いていたときに飲ませ、旅をしていたときに宿を貸し、裸のときに着せ、病気のときに見舞い、牢にいたときに訪ねてくれたからだ」（マタイ25・35―36）。すると彼らは答えます。わたしたちはいつあなたにお会いしてそんなことをしたでしょうか。審き主はこう言います。「わたしの兄弟であるこの最も小さい者の一人にしたのは、わたしにしてくれたことなのである」（同40節）。

「最も小さい者の一人にしたのは」という言葉がキーワードだと思います。人の一生を問うものとして、成功したかとか、地位を得たかとか、なにか事業を成し遂げたかとか、そういうことは問題にされていないのです。そうではなく「最も小さい者の一人」にどう関わったかが問われています。審き主が問題にされるのはそのただ一つのことなのであります。

わたしたちが主の来臨を待ち望みつつ生きる、その唯一の課題が何であるかが言われているのです。「最も小さい者の一人」への関わりであります。飢えている人、渇いている人、宿を失っている人、裸の人、病気の人、牢に入れられている人、それらすべての人に関われ、と言われたのではありません。「最も小さい者の一人に」と言われました。

それはわたしたちが生きていて出会う一人であります。自分の人生の道を歩いていて出会う一人であります。「最も小さい者の一人」に出会わないで行ける快適な道なんてどこにもありません。祭司やレビ人やサマリア人が瀕死（ひんし）の旅人に出会ったように、だれもが自分の道で「最も小さい者の一人」に出会うのです。そこでどうするか。

自分の人生の途上で「最も小さい者」に関わることは容易なことではありません。なぜならば、関われば時間をとられます。予定は大きく狂います。思いがけない出費をしなければなりません。

この「最も小さい者の一人」に関わるということは、自分の人生を切りはなせない形で「最も小さい者の一人」に結びつけることなのであります。ガタガタになります。自分の傷だけでないもう一人の人間の傷を苦しむことになります。このように考えてきますと、そのすべてはわたしたちの主の歩みであったことに気づかされます。ここになされる労苦の一つ一つは主のものなのです。

善いサマリア人、あれはイエス・キリストです。担がれている旅人、あれはわたしたちです。裸のときに着せてくれた人、あれはイエス・キリストです。病気のときに見舞ってくれた人、あれはイエス・キリストです。自らつまずき、恥をさらし、だれからも見放されたとき、訪ねてくれた方、あれはイエス・キリストでした。

恵みにこたえる

わたしたちはいつもいつも飢えていました。渇いていました。泣いていました。怯(おび)えていました。だれの言葉も届かなかったあのとき、わたしのそばにいてくださったのは、イエス・キリストです。

だからわたしたちは生きてきました。だからわたしたちは何度でも立ち上がった。失敗しても、つまずいても、傷ついても、倒れても、何度も何度も起き上がってきました。救い主がわたしの傷を負っていてくださるから。

イエス・キリストは言われました。「人の子は、失われたものを捜して救うために来た」（ルカ19・10）。

「最も小さい者」をご自身のみもとに引き寄せる、それが主の御業であります。そして終わりの審きの日に主はその御業を成し遂げてくださいます。

大事なことは、主が「最も小さい」わたしたちにしてくださったことを忘れないことでありましす。しっかり受けとめることであります。そのとき、わたしたちの足は「最も小さい者の一人」におのずから向かいます。いま出会っている一人に近づきます。

救い主がわたしたちにしてくださった恵みに少しでもこたえようと試みるのです。その拙い試みを、審き主はけっして見過ごされることはありません。

この罪人が「おほめにあずかる」のです。

（日本基督教団 久万教会牧師）

使徒信条　8　聖霊

キリストは今、聖霊としてわたしたちと共におられる

渡辺正男（わたなべまさお）

救世軍の山室軍平と結婚してよい働きをした山室機恵子（きえこ）さんは、十八歳の時に植村正久牧師から洗礼を受けました。その洗礼の準備会で「聖霊とは何ぞや」という質問を受けて、よく答えられませんでした。長老に「これでは洗礼は早すぎる」と言われたのですが、植村牧師が「一体初心の者が聖霊というごとき問題について、滔々（とうとう）と人から習うた通りを受け売りするなど、あまり褒（ほ）めたことではない」と言って、心持よく受洗を許してくれた、

と機恵子さんは記しています。

聖霊について説明してください、と言われたらどう答えるでしょうか。答えにくいですね。わたしは、洗礼を志す人に使徒信条の解説をすることにしています。使徒信条は、「我は天地の造り主、全能の父なる神を信ず」、「我はその独り子、我らの主、イエス・キリストを信ず」、「我は聖霊を信ず」という三本の柱からなっています。

この三本の柱について語るのですが、父なる神のこと、主イエス・キリストのことに比して、聖霊のことは説明しにくいのです。でも、わたしたちは「我は聖霊を信ず」としっかり告白したいですね。「滔々と人から習うた通りを受け売りするなど、あまり褒めたことではない」という信仰の先達の注意を忘れないようにして、聖霊の風を祈り求めながら、聖霊に学びたいと思うのです。

聖霊とキリスト

コリントの信徒への手紙二3章に、聖書と聖霊について大切なことが書かれています。聖書を読むときに心に覆いが掛かっていて、人を義とする福音の真理がよくわからない。

けれど、その覆いはキリストにおいて取り除かれる、というのです。「今日に至るまで」(14節)とあるように、わたしたちの心にも覆いが掛かっていて、聖書の御言葉がわかりやすいとは言えませんね。

わたしは青森県の津軽にある教会の牧師をしていましたが、津軽出身の作家太宰治(だざい)は聖書をよく読みました。「パウロの混乱」という作品もあります。彼は、聖書によって自分の罪や弱さを知らされて苦しんだのです。叱(しか)られているように思ったのですね。確かに、聖書の言葉によって叱られることもあります。でも、聖書の中での真理はイエス・キリストによって人を義とする神の福音であります。心の覆いを取り除いて、主の福音を悟りたい、と願わずにはおれません。

パウロは、「主の方に向き直れば、覆いは取り去られます」(16節)と言い、続けて「ここでいう主とは、〝霊〟のことです」(17節)と語っています。主イエス・キリストは聖霊として働かれる、と言うのです。このことは特に大切ではないでしょうか。主イエス・キリストに心を向けるのは、キリストの霊である聖霊の導きを求めるという意味をもっていますね。

主イエス・キリストは、復活して、「神の右に座っていて、わたしたちのために執り成してくださる」（ローマ8・34）のですが、聖霊として今わたしたちと共におられる。聖霊が、心の覆いを取り去って、キリストの福音の真理を教えてくれる。キリストの働きである聖霊の導きに信頼して聖書を読み、希望をもって歩もう――パウロはそう語っているのです。

木々の芽の　キリストに向く　われも向く　（島村亀鶴）

わたしたちの信仰の姿勢の基本をよく示している句ですね。ただ忘れてはいけないことは、そのキリストがいま聖霊として働かれる、キリストは、いま聖霊としてわたしたちと共におられる、という信仰ではないでしょうか。

聖霊と教会

ヨハネによる福音書には、聖霊を送ってくださる、という主イエスのお言葉が何度も記されています。

「弁護者、すなわち、父がわたしの名によってお遣わしになる聖霊が、あなたがたにすべてのことを教え、わたしが話したことをことごとく思い起こさせてくださる」（14・26）

「その方、すなわち、真理の霊が来ると、あなたがたを導いて真理をことごとく悟らせる」（16・13）

教会の暦は、イースターから五〇日目を聖霊降臨日と定めています。主イエスの約束が成就したのです。使徒言行録2章は、弟子たち一同が集まっているところに聖霊を与えられて、主イエス・キリストの福音を大胆に語り出した、と記しています。伝道する教会、世に仕える教会が誕生したのです（4・29―31参照）。聖霊降臨日は、キリストの教会が誕生した記念日ですね。

教会は、「キリストの体」と呼ばれます（エフェソ1・23）。「キリストの体」は「キリストの霊」のやどる器であります。神が主イエス・キリストにおいて成し遂げてくださった救いの働きは、キリストの体である教会をとおして、キリストの霊によって継続して進められている、と言わねばなりません。

父なる神とキリストから送られる聖霊・真理の霊が、キリストの真理を悟らせてくれます。この真理の霊をカルヴァンは「内なる博士」と呼びました。「内なる博士」である聖霊が、聖書の言葉を、そして主イエス・キリストの福音を悟らせて、教会を造り上げるのです。同時に、その教会を聖霊は福音の伝道と奉仕のために世に遣わされます。そのようにして、神が主イエスにおいて成就された救いのみ業は、歴史において具体的に聖霊によって教会をとおして進められるのです。

わたしたちの教会が、そしてわたしたち一人一人がそのように用いられることに、厳かな思いになりますね。使徒信条の「我は聖霊を信ず」を、わたしたちはしっかりと告白しようではありませんか。

聖霊の賜物

この聖霊の導きを、わたしたちの教会は確かに受けているのでしょうか。教会にも、自分にも劇的といえる体験はない、自分は聖霊の導きを受けているのだろうか、と心配する方もおられるでしょう。でも、「聖霊によらなければ、だれも『イエスは主である』とは言えない」（Ⅰコリント12・3）とあるではありませんか。異言を語れなくても、不思議な幻を見なくても、課題をたくさん抱えているとしても、聖霊がイエスを救い主と信じる信仰へと導いてくださったのです。これが聖霊の賜物でなくて何でしょう。

わたしは四五年近く牧師をさせていただいて、洗礼を受ける人を与えられるたびに不思議に思ってきました。わたしがいくら努力をしても洗礼の決心に至らないのに、いつの間にか、不思議な力が働いて、主イエス・キリストの福音の真理に身を寄せる決心をして、洗礼を志願する人が現れるのです。主ご自身の働き・聖霊の働きである、と言うほかありません。

世々の教会は、この「イエスは主である」と信仰を告白することを聖霊の第一の賜物として受けとめ、感謝してきました。加えて、「愛」の賜物（Ⅰコリント13章）、そして「教会を造り上げる」賜物（同14・12、26）を重んじてきました。そのことを覚えたいと思います。教会を造り上げるために、「異言で一万の言葉を語るより、理性によって五つの言葉を語る方をとります」（同14・19）とパウロは記していますね。

わたしたちは弱い者です。偽りの霊によって惑わされることがあります（Ⅰヨハネ4章、ガラテヤ4・1―11参照)。信仰の感情的な興奮や、熱狂に惹かれたりもします。それが偽りの霊・惑わす霊なのかどうかを識別するためにも、聖霊の賜物を重視してきた世々の教会の伝統をしっかりと受け継いでいきたいですね。

「霊」という聖書の言葉には「風」の意味もあります。聖霊の風ですね。窓を閉め切っていては新鮮な風は入ってきません。教会の窓を開けて、わたしたちの心の窓を開けて、聖霊の風を迎えましょう。

確かに、教会の現状は厳しい。福音の伝道も、世に仕える働きも容易には前進しません。でも、聖霊の風が何をなしてくださるか、信仰の目をこらし、信仰の耳をすましたいのです。福音の前進のために、聖霊はわたしたちのささやかな教会をお用いになります。聖霊の風を受けて「風立ちぬ　いざ生きめやも」と心を高く挙げるようにして、わたしたちなりに応えて、共に歩み続けようではありませんか。

（日本基督教団隠退教師）

使徒信条　9　聖なる公同の教会

教会に対する信仰を捨ててはいけない

山本裕司（やまもとゆうじ）

ある日、教会関連のインターネットを見て回っていたら、とあるホームページにたどりつきました。

管理者はこう説明しています。

「怒っていることをご自由にお書きください。教会、牧師、クリスチャンのこういうところに腹が立った、あるいはこういうところがいやというのも」

それに促され、「まりあ」さんという方が切々と訴えていました。教会内の人間関係に苦しみ、教会に行けなくなったそうです。牧師に相談しても「元気になったら、戻っておいで……」と言うだけ。「毎週、日曜日になると、苦しくて仕方がない。私の信仰ってなんだったのだろう」。

教会に長くいると、多くの人間関係の煩(わずら)いが渦巻いているのに気づかされます。私も時に、教会の人間関係の渦巻きを見ているだけで目が回り、その渦中に突き落とされては、自分自身が底まで沈み込んでいくような気がします。いえ、それだけではありません。自分自身がその渦をいつの間にか、せっせと作り上げているのに気づく。夜眠れなくなるのは、そんな時です。

ばらばらの人たちが

眠れないで朝を迎えた日曜日、それでも私は教会に行きます。強(し)いられて重い足を引きずって礼拝堂に行きます。そして礼拝が始まる。すると「強いられた恵み」を実感します。

最初の賛美歌を歌いつつ「また救われた」と喜びが溢れてきます。礼拝で歌うたびに感動するのは『讃美歌21』162番です。

「見よ、兄弟が共に座っている。

なんという恵み、なんという喜び」

私の夜の苦しみを少しも知らない人たちと共に礼拝をします。私もそこに座る兄弟姉妹の苦しみを全部は知りません。どうしても他人の心の深みに踏み込むことができない、分かり合うことができない私たちです。そのばらばらの人たちが、できたら一緒の空気すら吸いたくないと思うかもしれない人たちが、しかし今、一つになって座っている。「なんという恵み、なんという喜び！」。まさに、ここに奇跡が起こっているのです。一つの歌を歌う一つの群れになっている。その驚きを私たちは礼拝堂で目の当たりにできるのです。礼拝に出席さえすれば。

礼拝は進んでいくと使徒信条に至ります。「聖なる公同の教会……を信ず」と告白します。ここで告白されているのは、教会は信仰の対象だということです。

「信仰とは、望んでいる事柄を確信し、見えない事実を確認することです」（ヘブライ

11・1）

「教会はこうあるべきだ」「キリスト者の理想はこうだ」。たとえそれが正しい主張であったとしても（自分に都合のよい願望にすぎないこともありますが）、それは「望み」であり、今はまだ「見えない事実」なのです。にもかかわらず、それを信じるのです。神さまを信じるのと同じ重みをもって信じるのです。いえ、神を信じることと、教会を信じることは一つのことです。

どうしてそんなことができるのでしょう。キリストは「教会の頭（かしら）」であり、教会は「キリストの体」だからです（コロサイ1・18）。

教会は過ち多い人間だけで出来ているのではありません。すでに、罪と悪魔と死に勝利され、天におられるキリストを頭とするキリストの体なのです。教会は、だから信用できるのです。どんなにおかしいことがあっても、「神の御言葉が正しく説教され、聖礼典が正しく執り行われる」（宗教改革者）時、キリストは教会に現臨され支配し続けてくださっています。だから信じてよいのです。教会は必ず立ち直る、と。

主の選びと招き

私たちだけが教会で悩んできたのではありません。パウロこそ教会の堕落に苦しみ抜いた伝道者でした。パウロ自身が建てたコリント教会は問題を持っていました。第一は「紛争」(嫉妬（しっと）)、第二は「不倫」、第三は「起訴事件」でした。問題がそこに出尽くしてしまったような教会、私たちだったらもう救いようがないと言ったかもしれない教会に対して、パウロはこう挨拶（あいさつ）を書き送りました。

「コリントにある神の教会へ、……キリスト・イエスによって聖なる者とされた人々、召されて聖なる者とされた人々へ」(Ⅰコリント1・2)

使徒パウロは、私たちが「問題教会」と呼ぶに違いない教会を「神の教会」と呼び続けます。神の教会に対するご支配は揺らぐことはないと信じたからです。その信仰によって伝道者からは、その教会のためになお祈り、なお骨折る力が湧き出てくるのです。

かつて「躓（つまず）いた」と言って教会を去った人と会ったら「まだ教会になんか行ってるの」と失笑したそうです。しかし私たちは教会を信じるのです。問題は信仰があるか、ないかです。信じる時、道は開ける。希望が生まれる。なぜなら、信仰とは、私たちにはできなくても、神さまが教会の傷を必ず癒し、正し、御心にかなったものに成長させてくださると信じることだからです。

この信仰なき時に、悪魔はすぐ私たちの間につけ込んできます。そして躓きは、いともたやすく起こるのです。

またパウロはコリントの教会員を「召されて聖なる者とされた人々」と呼びました。召されたとは、神によって集められたということです。使徒信条にも「聖なる」教会、「聖徒」の交わりとありますが、これは聖人のことではなく、「選ばれて神のものとされた人」という意味です。

「医者を必要とするのは、丈夫な人ではなく病人である。……わたしが来たのは、正しい人を招くためではなく、罪人を招くためである」（マタイ9・12―13）

十二弟子をみても、主イエスの選びは、優等生の義人、聖人に対してではありません。売国奴と罵（ののし）られるような仕事をしている徴税人や罪人に対してでした。そのような者たちが、主と共に食事をしていたのです。主の食卓への召しと選びは、元々、生きるのに不器用な劣等生、魂の病人、罪人に対して向けられているものだったのです。

和解の食卓を囲む

礼拝プログラムがさらに進むと「聖餐」となります。魂の医者がいなければ生きていけない病人を、主イエスは食卓に招き養ってくださる、それが教会なのです。

ある牧師がこういう経験をしたそうです。

ある家庭の中に果てしない争いが起こった時、相談を受けました。それはもつれた糸でありますす。誰にも解きほぐすことはできない。その面接の最後でその牧師は言いました。「教会に来てください。憎しみのために、話し合うことができなくても、教会にだけは来て、一緒に礼拝を守ってほしい。そして聖餐を受けてください」。

家族はその約束を守りました。礼拝に通い、会堂の中では、遠く離れた席に座って、しかし同じ御言葉を聞き、同じ賛美歌を歌いました。そして聖餐を受けました。礼拝が終わると、やはり互いに挨拶もしないで、玄関から右と左に去っていきました。

しかし、牧師は確信をもって言うのです。

崩壊しそうな家族が、共に聖餐にあずかることによって、今つなぎ止められている。聖餐こそ神と隣人との和解の食卓、この食卓にあずかり続けることができるかぎり、あの家族には、なお望みが残る。一つのパンと杯をあの家族は分け合ったのだから。だから、その家が立ち続ける希望の光が見える、と。

私たちは本当に罪人です。だからイエスさまは憐れに思って教会へと召してくださった。でもその弱さが出て、どうしても、互いに傷つけ合ってしまいます。そのために、もう教会の中で挨拶をすることも不可能になった人がいたとしても、しかし私たちは共に聖餐にあずかる時、すでに一つにされているのです。そこに目に見える和解の希望もまた生まれるのです。

冒頭の「まりあ」さんに、だから言いたい。教会に対する信仰を捨ててはいけない。もう一度、勇気を出して教会の門をくぐってごらん。礼拝で共に賛美歌を歌い、使徒信条を告白し、主の食卓にあずかる時、きっと神さまが「まりあ」さんの周りにも奇跡を起こしてくださる。

最初はまだ目には見えない和解かもしれない。でも礼拝においてもう和解は始まっているのです。それは、必ずいつか肉眼でも見える教会の一致に結びついていきます。それを信じてほしい。一緒に信じ続けましょう！

（日本基督教団 西片町教会牧師）

使徒信条　10　聖徒の交はり

聖なる神との交わりの中で、聖なるものとされる

関川泰寛（せきかわやすひろ）

教会もさまざまな人間の集団です。教会員同士の誤解や行き違い、争いと無縁ではありません。互いにいがみあったり、憎しみあったり、時には倫理的な問題を孕（はら）むような人間関係が生じることもあります。

このような教会生活の難題をどう理解し対処したらよいのでしょうか。そもそも教会の交わりとは何かという根本のところから考えてみることにしましょう。

パーソナルな関係を築く

健全な人間関係の形成には、パーソナルな関係を築くことが欠かせません。パーソナルな関係は、相手の話をよく聴くとともに、自分自身の関心や感動もまた相手に伝えるところに成り立ちます。「聴き、話す」という関係は、相手の人間そのものへの深い関心と尊敬を前提にしています。相手の人格への関心とは、相手に自分自身を与える気持ちと姿勢をどれくらいもっているかに現れます。

教会生活の基本にも、「よく聴き、話す」というパーソナルな人間関係が求められます。わたしたちは、そのような関係を教会の中に築く努力と祈りを重ねているかを反省する必要があるでしょう。

「あんな失礼な人は見たことがない。挨拶(あいさつ)もろくにしないし、この間の御礼もろくに言ったためしはない」と心の中で思わず呟(つぶや)いたときには、自分自身の胸に手をあてて、わたし自身もどれほど自分の心を開き、相手を受け入れる準備があったかを反省し黙想してみることが大切です。

　結論が得られるかどうかは別にして、このように反省する機会を与えられたこと自体が神に感謝すべきことなのです。わたしたちが、人間関係のトラブルに陥ったとき、神へと心を向けるなら、すでに使徒信条による「聖徒の交はり（以下、交わり）を信ず」という信仰告白の世界へと誘われているのですから。

聖徒の交わりを信ず

　使徒信条の第三項すなわち聖霊への信仰箇条に、「聖徒の交わりを信ず」という言葉が出てきます。「聖徒の交わり」（ラテン語で「コムニオ　サンクトールム」）という言葉を調べると、二つの意味があることがわかります。

　第一に、教会の聖徒たち、すなわち信仰ゆえに集められ、選ばれた人々（教会員）の相互の交わりということです。先ほどの話の続きで言えば、教会員相互の健全で信仰に基づく人格関係を表していると言ってよいでしょう。

　第二は、聖なるもの、すなわち神との交わりということです。つまり、「聖徒の交わりを信ず」という言葉は、単に教会員相互の親交や交流だけではなく、生ける神ご自身との交わりというキリスト者の信仰生活にとってもっとも大切な事柄を示しています。

旧約聖書の創世記16章には、女奴隷であったハガルが、アブラハムの家から逃亡し、行き場を失って途方に暮れている様子が描かれています。窮地に陥ったハガルに対して、主なる神は使いを送り、「シュル街道に沿う泉のほとりで彼女と出会」い（7節）お告げの言葉を伝えます。

人間関係のトラブルによって、出口が見えないような苦境に立ったとき、主なる神は、ご自分から働きかけて、わたしたちとの交わりの機会をつくってくださるのです。選ばれた者たちの交わりには、必ず神の働きかけがあります。

さらに、イサクの子ヤコブが、長子の特権を兄エサウから奪って、兄から命を脅かされるようになったときのことです（創世記27章以下）。ヤコブは、ベエル・シェバをたってハランに向かいました。とある場所に来たとき、日が沈んだので、石を枕にして一夜を過ごしました。このときヤコブは夢を見ます。神の御使いたちがそれを上ったり下ったりしている夢です。主がその傍らにおられました（同28・13）。

このときも、民の交わりの破綻にもかかわらず、主なる神が共にいてくださり、イスラエルの民を導く約束を与えられました。

これらの旧約聖書の物語は、わたしたちが聖なる神との交わりの中で聖なるものとされ、聖なる者としての相互の交わりの中で共に一つに結ばれることを示しています。イスラエルの民は、はじめから道徳的に正しかったから聖とされたのではなく、聖なる神が働きかけ、聖なるものと触れることによって、聖とさせられたのです。

聖なるものとの交わりの場

よくわたしたちは、温かい家庭的な教会、冷たい教会というような言い方をします。もし、教会をそのようにだけ見ているとすると、そこには大きな問題があります。使徒信条の「聖徒の交わりを信ず」という言葉の真の意味を理解していないことになるでしょう。教会の交わりの根本には、わたしたちが聖なる神との交わりに入れられるという喜ばしい出来事があります。この点を顧みず、ただ人間的な交わりが密で温かい教会がより教会らしい教会と思い込んではいないでしょうか。

わたしたちは神を礼拝し、父・子・聖霊なる神との深い交わりをいただき、生ける神の子イエス・キリストの生命に結ばれるキリスト者として、もっと大きな恵みにあずかる幸いを忘れてしまってはいないでしょうか。

教会生活は、まず父なる神との交わりから始まります。イエス・キリストと結ばれ、父なる神と深く交わることは、御言葉の説教と聖礼典（洗礼と聖餐）が信仰に基づいて正しく行われるところに起こります。わたしたち人間の側の努力や力ではなくて、神の側の働きかけによります。

見えない言葉である聖書の御言葉が語られ、パンやブドウ酒という目に見える言葉に聖霊が働くとき、キリストが時と空間を越えて、わたしたちのただ中に現臨してくださいます。十字架にかかり、復活され、天に昇られ、神の右に座しておられる主イエス・キリストが、今ここにわたしたちと共にいてくださるのです。

わたしたちの心には、礼拝に参加するとき、どこかで自分が神さまに仕えてあげているのだという傲慢（ごうまん）な思いが潜んではいないでしょうか。今日は忙しいけれど、礼拝に自分は来てあげたのだという意識です。しかし、礼拝の本質は、神がわたしたちに奉仕してくださったという驚くべき出来事にあります。神が己を低くして、御子のかたちをとり、僕（しもべ）のように自己卑下してくださったのです。この出来事によって、神との交わりが可能にされました。

わたしたちが、「天の父よ」と祈りの中でまず名を呼ぶとき、主イエス・キリストの父をわたし自身の父とすることができる恵みがあふれています。

教会の交わりに生きる

教会の交わりは、単なる人間同士の親睦(しんぼく)や友誼(ゆうぎ)ではなく、神ご自身との交わりに根拠づけられたものです。神がご自分を無にして（フィリピ２・７）このわたしに出会ってくださいました。それを思うときに、わたしも隣人へと自分を差し出すことが始まります。そこに前述のパーソナルな関係も開けていくでしょう。そしてこの教会の交わり（聖徒の交わり）は、常に外に向かって開かれ、拡大していきます。自分の教会だけ良ければよいといった考えや自己充足的で閉鎖的な理解は、教会の信仰とは相容れません。

復活の主は弟子たちに向かって伝道を命じられました。

「だから、あなたがたは行って、すべての民をわたしの弟子にしなさい。彼らに父と子

と聖霊の名によって洗礼を授け、あなたがたに命じておいたことをすべて守るように教えなさい」（マタイ28・19―20）

教会の交わりに招き入れられ、現臨の主に出会った者は、礼拝から派遣されて、日々の生活の中でも交わりの生活を継続します。家庭や職場、学校でのわたしたちの生活もまた三位一体の神ご自身との交わりが基礎となって営まれます。天の父なる神が、御子を愛し、聖霊がうめきをもって執り成してくださったように、わたしたちも隣人を愛し、祈りの内に隣人の苦しみを神へと執り成す生活に押し出されていきます。

（日本基督教団 大森めぐみ教会牧師）

使徒信条　11　罪の赦し

今ここにおける新しい命への招き

岡谷和作（おかやかずさ）

罪赦されて

心無い一言で妻を怒らせてしまった。これから二人で友人宅に招かれているというのに、妻は憤慨している。明らかに自分が悪い。しかしプライドが邪魔をして中々謝れない。試しに何事もなかったかのように振舞い、「そうだ！　何か手伝おうか？」と差し入れを作っている妻に一言声をかけてみる。「あ、別に大丈夫」。明らかに大丈夫ではない冷たい視線を浴び、訪れる気まずい沈黙。
これは先日起きた夫婦喧嘩（げんか）の一幕です。この日はその後、謝罪を受け入れてもらい、仲直りをし、二人で友人宅へと出かけて行きました。

私たちはなぜ赦されることを求めるのでしょうか。仮に妻が私を赦してくれなかったらどうなっていたでしょう。その状態では、友人宅に行くことを断念せざるを得なかったかもしれません。または、赦されないことによって罪悪感が消えなかったかもしれません。しかし、私が赦しを求めた一番の理由は妻との関係の回復を願っていたからです。

当たり前だと思われるかもしれません。しかし、私たちは、こと私たちと神との関係において、この視点を忘れてしまうことがあります。ある時学生の集会に招かれた際に、「どうして罪が赦される必要があると思う？」と学生たちに質問をしてみました。特に多かった答えは「天国に行くため」でした。「ありのままで大丈夫だと思えるから」という答えもありました。それぞれ間違った答えではありません。しかしそれらは罪が赦されることに付随する結果ではあっても、私たちが罪の赦しを必要としている根本的な理由ではないのです。私たちが罪の赦しを必要としている根本的な理由は、私たちが神ご自身を必要としているからです。「罪の赦し」とは、天国に行くためのただの手段でも、また自分たちの罪悪感が取り除かれる癒しのセラピーでもありません。この全世界の創造者であり、命の源である神との関係が回復することなのです。

私が妻を傷付けた言葉は、私と妻との関係を阻む壁となりました。そして、その壁は厄介なことに作った側から取り除くことはできません。私の側から、なかったことにすることはできないのです。同様に、私たちと神との間には「罪」という巨大な壁が立ちはだかっています。私たちが自ら築き上げてしまった壁です。私たち人間の側からこの壁を取り除き、神との関係を回復する手段はありません。しかし、主ご自身がこの壁を打ち砕いてくださったのです。私たちが使徒信条において告白してきたイエス・キリストの十字架の御業によって、私たちと神を隔てていた壁が打ち壊されたのです。

赦しに関する二つのイメージ

私たちが使徒信条で「罪の赦しを信ず」と告白する時、私たちは何を信じていることを告白しているのでしょうか？　聖書に登場する罪の赦しの描写の一つは法廷のイメージです。マタイによる福音書18章21―35節では、とうてい返済することのできない額の借金を負ってしまった家来が、王の温情によって借金を全て帳消しにしてもらうたとえ話が登場します。罪が帳消しにされるということが「罪の赦し」の一つのイメージです。ヘブライ人への手紙8章12節に「わたしは、彼らの不義を赦し、もはや彼らの罪を思い出しはしないからである」とあるように、十字架上で私たちの罪の代価が支払われたことにより、神は私たちの罪の記録を削除してくださるのです。

しかし、もし「あなたを赦します。でももうあなたには会いたくありません」と言われたとしたら、どうでしょう。そこには本当の和解は存在しません。過去をゼロにするだけでは和解には至らないのです。しかし聖書にはもう一つの赦しのイメージが登場します。コリントの信徒への手紙二5章21節に「罪と何のかかわりもない方を、神はわたしたちのために罪となさいました。わたしたちはその方によって神の義を得ることができたのです」とあるように、罪人が「義」とみなされるというイメージです。

『ハイデルベルク信仰問答』は、問56で「『罪のゆるし』について、あなたは何を信じていますか」と問います。その答えは、前半で罪が帳消しにされたことを告白し、後半では「それどころか、恵みにより、キリストの義をわたしに与えて、わたしがもはや決して裁きにあうことのないようにしてくださる」（吉田隆訳）と告白します。

神はただマイナスをゼロにするだけではなく、イエス・キリストの義で私たちを覆ってくださるのです。私たちの罪にまみれた履歴書の代わりに、神はイエス・キリストの完全な履歴書を見てくださるのです。さらに私たちはイエス・キリストの義の身分を着ることによって、罪ある身分では入ることができなかった三位一体の神との交わりの中に招かれます。「もういいよ」と罪を帳消しにし、キリストの義を着せてくださり、「さあ、おいで」と私たちを招いてくださる。それが私たちの信じる「罪の赦し」です。

そして和解は一方通行では成立しません。神の側から、イエス・キリストの贖（あがな）いの御業を通して、私たちに手を差し伸べてくださいました。私たちが「罪の赦しを信ず」と告白する時、私たちは、キリストにおいてもたらされた罪の赦しを信じます、受け取りますと主の招きへ応答しているのです。

赦された者として赦す

さらに、私たちは罪赦された者として、罪を赦すようにと召されています。私たちが毎週教会で祈る主の祈りには、「我らに罪をおかす者を　我らがゆるすごとく、我らの罪をもゆるしたまえ」との一節があります。これは主の祈りの中で唯一記されている人間側の行為です。これは「私たちが赦したのだから神さまも赦してくださいよ」という交換条件ではなく、圧倒的に赦していただいた者として私たちも罪を赦しますという宣言の祈りです。「主があなたがたを赦してくださったように、あなたがたも同じようにしなさい」（コロサイ3・13）と、私たちは赦された者として同じようにすることを求められています。

しかし注意しないといけないのは、「赦し」とは単に「水に流す」ことではないということです。忘れようとするだけでは、何かのきっかけで過去の痛みが再燃してしまうでしょう。ボンヘッファーが悔い改めの伴わない赦しを「安価な恵み」と批判したように、この「水に流す」行為は一時的に蓋(ふた)をする「安価な赦し」にすぎません。これは聖書的な赦しではないのです。なぜなら神は私たちの罪を忘れてしまったのではなく、その罪の重さを知った上で、それを帳消しにし、悔い改めと和解の道を開いてくださったからです。主が赦されたように赦すというのは、ただなかったことにして前に進むのではなく、和解のための一歩を踏み出すことです。そしてそのことは私たち自身の解放にも繋がっていきます。ヘンリ・ナウエンは次のように述べます。

「誰かを心から赦すということは、解放の行為です。その人と私たちの間にある否定的な束縛からその人を自由にします。『もうあなたに腹を立ててはいない』と言うことには、それ以上のことが含まれています。つまり、私たち自身を『侮辱されたもの』であるという重荷から解き放つのです(1)」

一九九四年、アフリカのルワンダで起こった内戦をご存じでしょうか。わずか一〇〇日で、五〇〇万から一〇〇〇万人もの人々が殺されました。そのさなか、セレスティン牧師は家族を殺害されます。彼は怒りに心を支配され、加害者を赦すことに激しい葛藤を覚えます。しかし、赦された者として加害者を赦す歩みの中で、自らが解放され、キリストにある新しい命を体験していきます。彼は『赦された者として赦す』の中でこう記しています。「神から与えられる赦しと、罪の束縛からの贖いは、永遠の裁きから私たちを救うだけではなく、今ここにおける新しい命への招きなのだと理解しました。そして赦しを通して、加害者と被害者の間に新しい希望と新しい未来の可能性が生まれることを学んだのです(2)」

聖霊の働き

セレスティン牧師の言葉を読み、とてもそんなことはできそうにない、と思われた方も多いのではないでしょうか。その通りなのです。私たちが誰かを赦すということは、とうてい自然にできることではありません。それは私たちのうちに生きておられる聖霊なる神の働きです。使徒信条の「罪の赦し」の告白が、「我は聖霊を信ず」と聖霊なる神を告白する文脈の中に記されていることは重要です。

聖霊こそが、イエス・キリストの十字架の御業と二千年後の私たちを繋げてくださるのです。聖霊は私たちをあの十字架の元へと連れて行き、私たちを罪の自覚、悔い改め、イエス・キリストを主として告白する信仰へと導いてくださいます。そしてそれだけではなく、主の似姿へと変えられていく歩みの中で、過去の傷を癒し、赦す者へと変えていってくださるのです。

また、私たちは一人ではありません。私たちには使徒信条の直前の項目である「聖徒の交わり」が与えられています。信仰はチームプレーなのです。聖徒の交わりの中で私たちは共に「罪の赦しを信ず」と告白します。教会は赦された罪人の集まりです。赦された者たちが集まり、お互いに赦し合う交わりの中で、私たちは聖霊の働きによって共に主の似姿へと変えられていきます。そして主に赦され、互いに赦し合う聖徒の交わりは、憎しみに満ちたこの世界の中で、「罪の赦し」を体現する「赦しの共同体」として大胆に証しを立てるのです。

（元キリスト者学生会主事。現在米国トリニティ神学校修士課程在籍）

1　ヘンリ・ナウエン『今日のパン、明日の糧　暮らしにいのちを吹きこむ366のことば』河田正雄訳、日本キリスト教団出版局、二〇一九年、一月二六日の黙想より。

2　グレゴリー・ジョーンズ、セレスティン・ムセクラ『シリーズ和解の神学　赦された者として赦す』岡谷和作・藤原淳賀訳、日本キリスト教団出版局、二〇一九年、一二三ページ。

使徒信条　12　身体のよみがへり、永遠の生命

究極の希望のもとに、地上の生命を生きる

岩田昌路

教会は、使徒信条の最後において「我は……身体のよみがへり、永遠の生命を信ず」と告白します。教会の見つめる希望はどのようなものであるかを、要約して表す言葉です。この言葉に結び付いている、私の経験をまず語らせていただこうと思います。

はじめて葬りの式を執り行ったときのことは、今でもよく覚えています。初任地の別府

不老町(ふろうちょう)教会に派遣されて二か月が過ぎたばかりのときでした。

それまで経験したことのない極度の緊張の中で、私は前夜式と葬儀を終えて、ご遺族の方々とともに山の上にある火葬場に向かいました。ゴーッという地響きを思わせるような音をたてる火葬炉の前に案内されたとき、私は立ちすくみ、体が震えるようでした。愛する人をお送りしなければならないご遺族の深い嘆きと悲しみを思いながら、私はひたすら大きな声でみ言葉を朗読し、祈りを捧げたことを思い起こします。ご遺体が火葬炉へと移され、扉が閉じられました。

そのとき、私たちを包んでいたあの音が一瞬消えたように、主イエスの語られた一つのみ言葉が私の心の中に立ち上がってきました。

「わたしは復活であり、命である。わたしを信じる者は、死んでも生きる。生きていてわたしを信じる者はだれも、決して死ぬことはない。このことを信じるか」(ヨハネ11・25―26)

主イエスが兄弟ラザロの死を悲しむマルタに問われたみ言葉です。葬りの式を執り行う中で、私自身の信仰が改めて問われたのだと思いました。それは復活の主イエスの肉声に触れるような経験でした。

　あれから二五年。教会に仕える牧師として多くの方々の最後を看取り、葬りの式を執り行ってきました。そのたびに、復活の命を信じる恵みの大きさを新たに受けとめさせられ、この世に生かされることの意味と責任を教えられてきました。狛江(こまえ)教会に赴任して間もないときに経験した一つの救いの出来事を、次に記させていただきます。

ある、洗礼志願の電話

　ある年の初秋、狛江教会が創立五〇周年記念日を迎える二日前のことでした。朝の祈りの会を終えたとき、ある男性から教会に電話が入りました。ぜひとも相談したいことがあるということで、すぐに教会にお訪ねいただくことにしました。

　ご相談にいらしたTさんは、静かにお話を始められました。

「私の妻はガンをわずらっています。最近は入退院を繰り返し、今は自宅で静養しています。もう長くはないと思います。妻は洗礼を受けることを望んでいます。私も一緒に洗礼を受けさせていただきたいと願っています。お力になっていただけますか」

Tさんは脳神経科の医師として働いておられる方でした。尊敬する先輩医師が近隣の教会の長老を務めておられ、その方に相談した際、狛江教会を紹介されてのことであると話されました。神の導きにあることを覚えながら、私も教会も全力で奉仕させていただくことをお約束いたしました。

まもなく迎えた創立五〇周年記念式典と記念礼拝では、牧師・信徒一同が日本伝道の幻に仕えるために献身の決意を新たにされました。そのようにして新たな歩みへと派遣され、牧師として最初にした働きは、Tさんのご自宅をお訪ねすることでした。お連れ合いのKさんが寝ておられるお部屋に案内されました。すでに相当やつれておられ、五十一歳のお体ではなくなっていることは一目でわかりました。

はじめてお会いするKさんは、私の顔を見ると、申し訳なさそうに、上半身を起こそうとし始められました。

「そのままでよいのですよ」と、あわてて申し上げると、ニコッと笑って「大丈夫です」と、明るい声で答えられました。しかし、体の痛みのためにしばらく姿勢が定まらないご様子でした。

傍らでは大学二年生になる娘さんのEさんが大きな枕の位置を換えながら手伝っておられました。

「洗礼を受ける準備をしましょう」

「はい」

Kさんは嬉しそうにうなずかれました。私たちは主の祈りをともに口ずさむことから、信仰に生きる道をともに歩み始めました。

Tさんから受洗を希望するに至った経緯について詳しいお話をうかがいました。Kさんが学生時代にキリスト教に触れておられたこと、家族全員が合唱やピアノ演奏をとおして宗教音楽を愛し、キリスト教信仰に対する憧（あこが）れのようなものを抱かれていたこと、Tさん自身も信仰者である先輩医師から良い感化を受けておられたことなど。

Kさんのガンの発病と闘病生活という厳しい試練の中で、ひとつひとつのことが結び合わされるように、洗礼の恵みに向かう決意が備えられたことを知りました。そして、神の不思議なご計画の中に備えられたときであることを実感いたしました。

家族そろっての洗礼

Tさんは次の主日から礼拝に出席されるようになりました。そして、平日に私が訪問して、聖書のみ言葉に聴き、ご家族と祈りを合わせるようになりました。思いがけないことに、現在キリスト教大学で学んでおられる娘さんのEさんも、ぜひ両親と一緒に洗礼を受けさせてほしいと心から願われるようになりました。

ご家族は教会の礼拝堂で洗礼を受けることを願っておられましたが、闘病中のKさんが教会の礼拝に出席することはもはや困難であり、今後のことも考慮して、キリスト教の病院にある緩和ケア病棟に入ることになりました。この病院の大きな責任をもっておられるN医師が、Kさんの叔父（おじ）に当たる方で、熱心な信仰者であることもあとで知らされました。

教会でもご家族のための祈りが熱心に捧げられていました。役員会では、ご家族三人の洗礼式を緩和ケア病棟の病室にて執り行うことを承認しました。当日は三人の教会役員と前記のN医師の立ち会いのもと、厳粛に洗礼式が執り行われ、全員で聖餐を祝いました。あの光景はまさに神の国を先取りするものでした。

私たちを罪と死から解き放つために、十字架に死なれ、復活された主イエスがともにおられる恵みを覚えました。教会を代表する役員たちから花束を贈呈されたKさんの顔も、本当に喜びに輝いておられました。

そのあと、N医師が病院のチャペルを案内してくださいました。はじめて訪れる場所ではありませんでしたが、洗礼式の恵みを感謝しつつ、特別な思いでしばらくお祈りを捧げました。この病院はかつて、私が生命をあたえられた場所でもありました。私たちに生命をあたえてくださる神が、主イエス・キリストによって、死に飲み込まれない永遠の生命を備えてくださる恵みを改めて心に刻みました。

あの洗礼式の日から、緩和ケア病棟のKさんをお訪ねすることが、私の日課となりました。ある日、ご家族がそろって病室におられたので、私は賛美歌を合唱で歌うことを提案しました。さすがは音楽を愛する一家です。本当にすばらしいハーモニーでした。Kさんとともに過ごしたわずかな日々の中にも、信仰の交わりの思い出があたえられました。

Kさんは洗礼を受けた日から約三週間の日々を緩和ケア病棟で過ごされました。そして、信仰者として人生の最後の戦いを立派に戦い抜き、静かに神のもとに召されてゆかれました。神の備えたもうKさんのご生涯は五十一歳と十か月でした。

Kさんの葬りの式は、狛江教会の礼拝堂で執り行われました。狛江教会の信徒一同にとっては、前夜式と葬儀はKさんとともに地上で捧げる最初の礼拝であり、同時に最後の礼拝となりました。

死は終わりではない

私はこのご家族との出会いと交わりの中で、主イエスとマルタの対話をよく思い起こしておりました。

「『わたしは復活であり、命である。わたしを信じる者は、死んでも生きる。生きていてわたしを信じる者はだれも、決して死ぬことはない。このことを信じるか。』……『はい、主よ、あなたが世に来られるはずの神の子、メシアであるとわたしは信じております』」（ヨハネ11・25―27）

マルタの声に合わせるようにして、このご家族は「イエスは主である」と告白し、洗礼を受けられました。そして、Kさんはその信仰によって復活の命をめざしながら、神のみもとに召されてゆかれました。死はすべての終わりではありません。死んでも生きるという約束を成就するために、主イエスは十字架に死なれ、死の墓から復活されたからです。私たちもまた、この復活の恵みにあずかるのです。

「我は……身体のよみがへり、永遠の生命を信ず」。この信仰告白の言葉こそ、Kさんを支えた希望であり、私たちの希望です。

聖書は、究極の希望として、主イエス・キリストが再び来られる終わりの日について告げています。終わりの日とは、神の国の完成が成就する日のことです。教会は、終わりの日を待ち望み、「御国が来ますように」「主よ、来てください」と祈り続けます。

その日、キリストに結ばれた者たちは、「復活の体」「霊の体」（Ⅰコリント15・44）を与えられ、永遠の主の御前に起こされて、永遠の憩いに招き入れられます。死はすべての終わりではなく、終わりの日までの深い眠りなのです（Ⅰテサロニケ4・13―14）。「我は……身体のよみがへり、永遠の生命を信ず」。私たちはこの究極の希望のもとに、深い慰めと平安を与えられ、地上の生命を生き抜き、地上の生命を終えることができます。

私は、説教や祈りの中でしばしば「生き生きとした希望」（Ⅰペトロ1・3）という言葉を用います。「希望は生きている！」という言葉です。主イエス・キリストの復活によって保証される希望は、どのようなときにも決して輝きを失うことはありません。教会は、主イエス・キリストに結ばれ、罪を赦され、永遠の生命を約束された神の子らの集いです。すでに私たちは地上にあって死への勝利を確信し、永遠の生命に生き始めているのです。

（日本基督教団 狛江教会牧師）

初出一覧

はじめに……書き下ろし

「使徒信条」とは……書き下ろし

天地の造り主、全能の父なる神……書き下ろし

その独り子、我らの主、イエス・キリスト……『信徒の友』2004年12月号

主は聖霊によりてやどり、処女マリヤより生れ……書き下ろし

十字架につけられ、死にて葬られ、陰府にくだり……書き下ろし

三日目に死人のうちよりよみがへり……2015年4月号

天に昇り、全能の父なる神の右に坐したまへり……2004年8月号

かしこより来りて、生ける者と死ねる者とを審きたまはん……2004年11月号

聖霊……2004年5月号

聖なる公同の教会……2004年6月号

聖徒の交はり……2004年9月号

罪の赦し……書き下ろし

身体のよみがへり、永遠の生命……2007年4月号

信仰生活ガイド

使徒信条

2020年7月25日　初版発行

編　者　古　賀　　博

発　行　日本キリスト教団出版局

169-0051　東京都新宿区西早稲田2丁目3の18

電話・営業03（3204）0422、編集03（3204）0424

http://bp-uccj.jp

印刷・製本　三松堂

ISBN 978-4-8184-1065-7　C0016　日キ販

Printed in Japan

日本キリスト教団出版局の本

信仰生活ガイド　全5巻

わたしのこれらの言葉を聞いて行う者は皆、岩の上に自分の家を建てた賢い人に似ている。

（マタイによる福音書7章24節）

聖書は、今こそ、信仰という揺るがぬ「岩」に「自分の家」を建てなさい、とすすめます。本シリーズによって、神さまを信じる喜びと心強さを再確認し、共に新しく歩み出しましょう。

――― * ―――

主の祈り　林　牧人　編　（128頁、本体1300円）

十　戒　吉岡光人　編　（128頁、本体1300円）

使徒信条　古賀　博　編　（128頁、本体1300円）

以下、続刊予定

信じる生き方　増田　琴　編

教会をつくる　古屋治雄　編